Hans-Ulrich Dombrowski

Angst erfolgreich überwinden

Reihe Psychologische Lebenshilfe
Hrsg. H.-U. Dombrowski
CIP-Medien

Hans- Ulrich Dombrowski

ANGST

erfolgreich

überwinden

Effektive Strategien
zur Angstbewältigung

4. unveränderter Nachdruck 2004
CIP-Medien, München
ISBN 3-932096-12-6

Erstauflage 1997 unter ISBN 3-925595-30-9
Zweitauflage 1998 unter ISBN 3-9806209-2

Bezugsquelle:
CIP-Medien, Nymphenburger Str. 185, 80634 München, Fax 089-132 133
e-mail: cipmedien.@aol.com
Internet: www.CIP-Medien.com

Inhalt

Einleitung

Liebe Leserin,
lieber Leser!

Wir leben in einer hektischen Zeit, in der wir täglich und ständig mit Reizen überflutet und überfüttert werden. Unser Körper und unsere Psyche reagieren auf diese An- und Überforderungen normal, in dem sie Krankheiten produzieren. Ja, Sie hören richtig, daß Krankheit als „normal" anzusehen ist im Sinne einer Überforderungsreaktion, obwohl Krankheit von den meisten Menschen als unnötig oder belastend erlebt wird, als etwas, das man quasi nicht haben möchte oder möglichst schnell wieder wegbekommen sollte, ist Krankheit erst einmal aufgetreten. Die wenigsten Menschen verstehen Krankheit als das, was sie ist, nämlich als Ausdruck einer Anpassungsstörung des Organismus an seine Umwelt.

Krankheit fordert uns heraus, wenn sie bewältigt werden soll. Wir müssen uns als Betroffene mit uns und unserer Lebenssituation beschäftigen. Wir müssen etwas ändern, wenn wir gesund werden wollen oder zumindest unsere Leiden gelindert werden sollen. Veränderungen können einerseits durch Modifikation unserer Umwelt herbeigeführt werden oder aber dadurch, indem sich der Einzelne selbst ändert. Die meisten Menschen bevorzugen den ersten Weg, viele auch dann noch, obwohl dessen Umsetzung nicht oder nicht ausreichend möglich ist und sie statt dessen besser den zweiten Weg benutzen sollten.

Im vorliegenden Buch möchte ich Ihnen etwas von einer Krankheit aus meiner Fachdisziplin der Psychotherapie berichten, einer Krankheit, die durch unsere Psyche verursacht wird, nämlich über die Zeitkrankheit „Angst" und, wenn diese plötzlich und im stärkeren Ausmaß auftritt, auch „Panik“ genannt wird. Als praktizierender Psychotherapeut bin ich tagtäglich mit Menschen zusammen, die unter diesen Störungen leiden. Sie machen ein Großteil meiner Klientel und der vieler Kolleginnen und Kollegen aus. Ich habe sie deshalb auch bewußt als Zeitkrankheit bezeichnet, um damit deutlich zu machen, daß jede Zeit ihre typischen Erkrankungen hat. Und eine der typischen Erkrankungen unserer Zeit ist die Angststörung.

Sehr häufig wird diese Erkrankung erst nach Jahren richtig diagnostiziert und angemessene Behandlungsmöglichkeiten eingeleitet. Für die Betroffenen bedeutet dies ein langer, in dieser Form nicht notwendiger Leidensweg, der sie durch viele Arztpraxen, Praxen alternativer Behandler, Krankenhäuser und Sanatorien führt. Denn es gibt entsprechende Therapieverfahren, die bei dieser Krankheit exzellent helfen können, nämlich die in diesem Buch vorgestellte Verhaltenstherapie, die in ihrer Weiterentwicklung auch kognitive Verhaltenstherapie genannt wird.

Verhaltenstherapeuten verstehen eine Angst- und Panikerkrankung als etwas Fehlgelerntes und nicht, wie heute noch einige orthodoxe Behandler behaupten, als biologisch-organische Störung. Demzufolge besteht die Therapie darin, neue und alternative Verhaltensmuster zu erlernen und effektive Strategien zu entwickeln, um die Angst kompensieren zu können. In der Regel treten bei Betroffenen die ersten Angstzustände in oder nach Phasen der persönlichen Belastung, Beanspruchung oder des Stresses auf. Angst kommt hierbei die Funktion eines Warnsignals zu, in dem Sinne, daß die Anpassung des Einzelnen an seine Umwelt und sein Lebensumfeld nicht mehr stimmig ist. Im Laufe der Zeit verselbständigt sich das Angstverhalten und bildet einen eigenständigen Problembereich in Ergänzung zu den auslösenden Belastungsmomenten. Angst wird demzufolge gelernt und durch Lernmechanismen, die Ihnen später noch differenziert dargestellt werden, aufrechterhalten.

Ein Umlernprozeß aus der Angst heraus ist möglich. Auch Sie können es schaffen, wenn Sie dazu bereit sind. Dieser Prozeß erfordert keine jahrelangen Therapien, in denen Ihre Kindheitserlebnisse aufgearbeitet werden müssen. Auch das bloße Erkennen von Ursachen Ihrer Problematik allein reicht nicht aus, damit die Ängste verschwinden, denn das Auftreten von Angst ist ein deutlicher Hinweis dafür, daß eine grundlegende Störung vorliegt. Sie sind jedoch nicht verrückt oder stehen kurz vor dem Wahnsinn, wenn Sie unter Ängsten leiden. All diese Dinge sind unzutreffend, führen nur zu einer Verwirrung und mitunter zu einer Verstärkung der Problematik. Richtig ist vielmehr, daß Sie lernen können aus Ihrer momentanen Krise wieder herauszukommen und nicht dazu verdammt sind, ein Lebenlang die Ängste in Kauf nehmen zu müssen.

Das vorliegende Buch möchte Ihnen dabei helfen. Es ersetzt jedoch keine Therapie. Zunächst werden Ihnen grundlegende Informationen zum Thema „Angst" an die Hand gegeben und danach Möglichkeiten der Veränderung vorgestellt. Im Anhang zeige ich Ihnen ein Entspannungsverfahren und gebe Hinweise für Angehörige von Angstbetroffenen.

Ich habe versucht eine möglichst verstehbare Sprache zu sprechen und Fachausdrücke weitestgehend einzuschränken. Dieses Buch soll keine wissenschaftliche Abhandlung sein, sondern Etwas für Jedermann, eine konkrete Hilfe für den Alltag. Ich habe versucht meine tägliche Arbeit zu beschreiben, angelehnt an den Problemen der Menschen, die tagtäglich zu mir kommen. Von daher gesehen ist das Buch praxisorientiert, an den Bedürfnissen Interessierter und Betroffener orientiert, eben ein Buch aus der Praxis eines Psychotherapeuten.

I. Teil:

Grundlegende Informationen zur

ANGST

Zwei Fallgeschichten

„Alles fing ganz plötzlich an“, sagte die junge Frau, die mir in meiner Praxis erstmalig gegenübersaß. Anfang Januar vor fünf Jahren habe sie erstmals einen akuten Schwindelanfall in der Werkskantine bekommen. „Es war ein richtiger black-out, alles wie in Nebel getaucht und mein Herz raste wie wild. Ich dachte, ich würde durchdrehen, die Kontrolle über mich verlieren.“ Zwei Tage später sei sie wieder in die Kantine gegangen und der Anfall habe sich wiederholt. Sie habe dabei Ängste gehabt, daß sich jemand zu ihr setzen würde und sie sich mit ihm hätte unterhalten müssen. Alles sei unwirklich gewesen, sie habe geglaubt jeden Augenblick umzufallen und ohnmächtig zu werden, was allerdings niemals eingetreten sei.

Seitdem habe sie die Kantine gemieden, es habe eine gewisse Erleichterung gebracht. Aber die Ängste hätten nicht aufgehört, sondern seien in anderen Situationen auch noch aufgetreten. Sie habe zuletzt nicht mehr einkaufen können, habe Menschenansammlungen gemieden und sich am Arbeitsplatz nicht mehr mit Kolleginnen unterhalten können. Sie habe immer stärkere Spannungs- und Panikreaktionen gespürt. Als sie dann an einer Buchungsmaschine „zusammengeklappt“ sei, habe man sie ins Krankenhaus auf die Intensivstation gebracht. Organisch ist nichts gefunden worden und sie sei wieder entlassen worden.

Erst war sie froh gewesen, daß sie eigentlich gesund sei, doch es wurde zunehmend schlimmer, so daß sie letztlich nicht mehr arbeitsfähig gewesen sei. Die Wochen vor ihrer Kur war sie schon gar nicht mehr aus dem Haus gegangen, ihr sei unmittelbar schwindlig geworden, wenn sie auch nur einen Fuß vor die Tür gesetzt hätte. Es sei grauenhaft gewesen, sie habe sich nie zuvor in ihrem Leben so hilflos gefühlt wie in dieser Zeit.

Bei Herrn C. begann die Erkrankung erstmalig drei Jahre vor seiner Verhaltenstherapie. Er sei damals aufgrund von Unwohlsein zum Arzt gegangen, der hohe Blutdruckwerte festgestellt hatte. Nachfolgende körperliche Untersuchungen brachten keinen organischen Befund. Herr C. nahm blutdrucksenkende Medikamente ein. Sein Befinden wurde jedoch nicht besser, vielmehr stellten sich in den nächsten Wochen weitere Symptome ein: er litt unter zunehmendem Schwindelgefühl im Kopf, Ohrensausen, Prickeln auf dem Schädeldach, phasenweisem Ziehen in der linken Brusthälfte und häufigem Aufstoßen. Nachfolgende Konsultationen bei verschiedenen Fachärzten erbrachten ebenfalls keinen organischen Befund. Durchgeführte Maßnahmen, wie Massage, Fangopackung sowie phasenweise medikamentöse Depressionstherapie halfen nicht die Symptomatik zu kompensieren.

Herr C., ein im allgemeinen geselliger Mensch, zog sich zunehmend mehr von Sozialkontakten zurück, wurde nervöser und reizbarer. Es fiel ihm immer schwerer in geschlossenen Räumen zu bleiben. In Geschäften bekam er Atembedrückung und litt unter einer starken inneren Anspannung. Als er schließlich das Gefühl hatte, den täglichen Anforderungen nicht mehr gewachsen zu sein, ließ er sich vom Hausarzt krank schreiben. Er ging monatelang nicht mehr zur Arbeit, bis er schließlich stationär behandelt wurde. Bis er danach jedoch erstmalig zu einer ambulanten Verhaltenstherapie kam, waren nach Ausbruch der ersten Symptome bereits drei Jahre vergangen - im Verhältnis zu vielen anderen Betroffen eine relativ kurze Zeit.

Möglicherweise finden Sie sich in einem dieser beiden Fälle wieder oder manche Symptomatik kommt Ihnen bekannt vor. Es sind typische Fallgeschichten, wie Sie täglich in den psychotherapeutischen Praxen geschildert werden, vom Leiden der Betroffenen nicht zu reden, denn nicht jeder, der unter Ängsten leidet, wird einer Behandlung zugeführt.

Bevor wir uns jedoch eingehender mit der Modifikation der Angst und Panik beschäftigen werden, muß ich Sie noch ein wenig auf die Folter spannen, denn ich möchte Ihnen zunächst einige grundlegende Informationen über die Angst geben, die zum Verständnis und der Behandlung dieser Problematik sinnvoll und notwendig sind.

Das Wesen der Angst

Angst, liebe Leserinnen und Leser, ist ein biologisch angelegtes **Alarm- und Warnsystem** in unserem Körper. Seine Wirkungsweise ist relativ einfach: Wir erkennen eine Gefahr und werden umgehend in einen Zustand höchster Erregung versetzt mit dem Ziel angemessen auf die Gefahr zu reagieren. Hätten wir diesen sinnvollen Reaktionsmechanismus nicht, wäre unser Leben in ständiger Bedrohung.

Wir Menschen kommen mit spezifischen Angstreaktionen auf bestimmte Reizkonstellationen zur Welt. Die Funktion dieser Ängste besteht darin das Leben zu erhalten, indem wir bestimmte für uns potentiell gefährliche Reize meiden oder abwehren sollen. Die Angstreaktionen auf Gefahrenreize sind durch die Evolution herausgebildet worden. Biologisch angelegte Reize sind beispielsweise große Höhen, plötzliche Bewegungen, Schmerz oder laute Geräusche. Diese Ängste treten in den ersten Lebensjahren besonders stark auf. Denken Sie beispielsweise an ein kleines Baby, das sich einem Abgrund nähert und der Gefahr „entgegenkrabbelt" in die Tiefe zu fallen, z.B. vom Wickeltisch. Dieses Baby hat noch keine ausreichenden Erfahrungen in seinem Leben machen können, um eine derartige Gefahrensituation richtig einzuschätzen und angemessen reagieren zu können. Diese mangelnde Lernerfahrung wird durch den biologisch angelegten Angstmechanismus ersetzt, der solange erhalten und damit wirksam bleibt, bis der kleine Mensch ausreichend eigene Erfahrungen gesammelt hat, um mit der besagten Gefahr adäquat umgehen zu können.

Weitere, umgangssprachlich häufig auch als Kinderängste bezeichnete, Angstreaktionen bilden sich in den ersten Lebensmonaten heraus, so zum Beispiel das wahrscheinlich auch für Sie bekannte „Fremdeln". Diese Angst des Babys auf fremde und unbekannte Personen tritt um den 6. Lebensmonat auf. Sie ist dadurch gekennzeichnet, daß das kleine Erdenwesen den Schutz seiner Bezugsperson sucht und Fremden gegenüber sehr reserviert und abweisend ist. In für das Baby potentiell gefährlichen Situationen, nämlich dann, wenn die Mutter oder die andere Bezugsperson nicht da ist, jedoch eine fremde Person anwesend ist, weint es lauthals und ruft nach der Mutter. Erst die Anwesenheit und der Schutz der Bezugsperson, die das Kind dann meist schnell tröstet und auf den Arm nimmt, führt zum Nachlassen dieser Angstreaktion. Mit Reifung der kognitiven Fähigkeiten ist das Kleinkind dann zunehmend mehr in der Lage die Unterscheidung zwischen bekannten und vertrauten mit unbekannten (furchtauslösenden) Personen zu treffen.

Angstreize sind ferner Dunkelheit, Alleinsein, Tiere, Feuer, Verletzung, Straßenverkehr u.a. mehr. Sie entstehen, wie gesagt, in den ersten Lebensjahren als Reifungsprozeß und lassen mit zunehmender Erfahrung des Kindes nach. Derartige Gefahrenreize haben sich im Laufe der Evolution herausgebildet und sind biologisch sinnvoll. Denken Sie beispielsweise daran, daß unsere Vorfahren früher direkteren Gefahrenquellen ausgeliefert waren als wir Menschen heutzutage. Wilde Tiere oder Feinde bedrohten permanent ihr Leben. Plätze, an denen beispielsweise verstümmelte oder tote Artgenossen gefunden wurden, deuteten auf die Anwesenheit von Gefahr hin. Angstgefühle, die bei uns heute bei der Konfrontation mit Verletzten oder Toten auftreten, sind Ausdruck dieser überlieferten Reaktionen.

Möglicherweise kennen Sie von Ihren eigenen Kindern diese genannten Angstreaktionen oder haben derartiges bei anderen Kindern schon einmal beobachten können. Diese Angstreaktionen werden als normal angesehen und sollten bis zur Pubertät kompensiert worden sein. In der Pubertät entwickelt sich dann eine andere Angst, nämlich die soziale Angst. Die Pubertät stellt die Lebensphase der Findung und Persönlichkeitsentfaltung eines Menschen dar. Mit zunehmender Pubertät distanziert sich der Jugendliche mehr und mehr vom Elternhaus, um eigene Wege zu gehen und zunehmend eigene Erfahrungen zu machen. Darüber hinaus ist diese Phase eine sehr sensible mit häufigen Übereaktionen. Die Empfindlichkeiten treten oft im Kontext mit dem sozialen Umfeld auf, so sei nur auf Unsicherheiten im Umgang mit dem anderen Geschlecht hingewiesen oder Reaktionen auf feindseliges Verhalten von anderen. Mit zunehmender Selbstfindung und Erfahrung treten diese Ängste dann in den Hintergrund und sollten nach der Adoleszenz bis zum Erwachsenenalter den Höhepunkt überschritten haben und allmählich nachlassen.

Die Angstkomponenten

Angst ist ein Konstrukt und besteht nicht nur aus einer Komponente, sondern aus einem Zusammenspiel von verschiedenen Reaktionsweisen. Dies sind:

- *die kognitive Komponente*

Damit ist das Erkennen eines Gefahrenreizes und die damit verbundene Interpretation gemeint. Wir nehmen also mit unseren Sinnesorganen eine Gefahr wahr und sprechen dem Wahrgenommenen dann die Bedeutung einer Gefahr zu.

Beispiel: Ein Hund kommt mit fletschenden Zähnen auf uns zugerannt. Wir sehen ihn und hören möglicherweise noch sein Schnauben. Blitzesschnell denken wir: „Gefahr! Der Hund kann mir etwas antun!“

Aufgrund von Erfahrungen, die wir mit Hunden direkt gemacht haben oder durch Modelle von anderen erworben haben (z.B. durch Beobachtung, wie ein anderer von einem Hund gebissen wurde oder durch Lesen von entsprechenden Zeitungsberichten), hat sich bei uns eine Meinung oder Einstellung über Hunde herausgebildet. In Situationen, in denen wir schnell reagieren müssen, wie sie Gefahrensituationen darstellen, hinterfragen wir unsere Einstellung nicht erst, bevor wir schalten, sondern, da uns unsere Einstellung ja bekannt ist, reagieren wir umgehend. Unsere Einstellung ist immer latent vorhanden und kann jederzeit bewußt gemacht werden.

- *die physiologisch- körperliche Komponente*

Damit sind die körperlichen Reaktionen gemeint, die sich bei Gefahr einstellen, wie beispielsweise Zunahme des Herzschlages und der Atmung, Feuchtwerden der Hände oder Hemmung der Verdauungstätigkeit.

Um bei dem Beispiel zu bleiben: Nachdem wir den Hund wahrgenommen und ihn als Gefahr eingeordnet haben, wird sich unser Herzschlag beschleunigen und der Blutdruck steigen, so daß eine Leistungssteigerung in den Muskeln erreicht wird. Darüber hinaus nimmt unsere Schweißabsonderung und die Atmungsfrequenz zu.

- *die motorische Komponente*

Damit sind typische Muskelreaktionen gemeint, wie sich automatisch einstellende Flucht- oder Abwehrbewegungen, Muskelstarre („Totstellreflex“) und sprachliche Äußerungen.

In der Beispielsituation könnten wir uns nun, nachdem wir die Gefahr wahrgenommen und interpretiert haben und uns unser Körper Energien und Reserven für das Handeln bereitgestellt hat, lauthals schreiend auf den Hund stürzen oder stumm auf den nächsten Baum klettern und dem Hund aus sicherer Höhe unseren Mittelfinger zeigen.

Abb. 1: Eine typische Angstreaktion

Erst das **Zusammenwirken** dieser genannten Komponenten ist das, was wir als Angst bezeichnen. Sie hängen eng miteinander zusammen und beeinflussen sich gegenseitig.

Das war schon bei unseren Vorfahren den Steinzeitmenschen so, die bei Gefahr entweder zum Angriff übergingen oder die Flucht ergriffen. In beiden Fällen verbrauchten sie die vom Organismus zur Verfügung gestellten Energien. Bei uns modernen Menschen ist dies jedoch sehr häufig nicht der Fall. Wir bauen vielmehr Energien auf, die anschließend keine angemessene

Abfuhr mehr erfahren. Unser Streß ist nicht mehr die direkte Auseinandersetzung mit Feinden oder wilden Tieren, die uns bedrohen und töten wollen. Wir klettern auch nicht mehr auf Bäume oder schwingen die Keule. Einerseits verbieten es unsere gute Kinderstube und die Normen unseres gesellschaftlichen Lebens. Denken Sie nur an die Sätze von unseren Eltern, die es sicherlich gut gemeint haben, wenn sie sagten: „Paß auf, daß du nicht negativ auffällst!", „Soetwas tut man nicht!" oder „Mache dich auf keinen Fall schmutzig!", aber damit unserer Eigenständigkeit und unserem Handlungsvolumen doch unbeabsichtigt Grenzen gesetzt haben.

Andererseits sieht unser Alltagskampf heute auch anders aus. Unser Überleben ist insofern gesichert, als daß wir genug zu essen und zu trinken haben. Hektik, Streß, Zeitmangel, Auseinandersetzung mit Vorgesetzten, Rollenunsicherheit der Geschlechter, Reizüberflutung durch Medien und Werbung oder ökologische Probleme fordern von uns als unerwünschter Ausdruck unserer modernen Wachstumsgesellschaft ihren Preis. Das Thema Angst war nie so aktuell wie in der heutigen Zeit.

Das vegetative Nervensystem

Das vegetative oder autonome Nervensystem ist das Nervensystem in unserem Organismus, das unsere lebenswichtigen Organfunktionen beeinflußt. Es funktioniert, wie es schon der Name ausdrückt, automatisch, ohne daß wir bewußt an unsere Körperfunktionen wie Herzschlag, Atmung oder Verdauung denken. Sein Ziel besteht darin, physiologische Veränderungen im Körper auszubalancieren, um das innere Gleichgewicht im Organismus konstant zu halten bzw. wieder herzustellen.

Dies erreicht das vegetative Nervensystem durch seine beiden Anteile, die antagonistisch, d.h. im Gegensinn, arbeiten, nämlich dem **Sympathikus** und dem **Parasympathikus.** Während der Sympathikus aktiviert wird, wenn wir aktiv sind und Energien benötigen, arbeitet der Parasympathikus in Ruhephasen, um dem Körper wieder die Möglichkeit zu geben Energien aufzubauen.

Auf physiologisch-körperlicher Ebene bewirkt der Sympathikus, daß sich die Blutgefäße verengen, der Herzschlag beschleunigt und der Blutdruck erhöht wird, die Schweißsekretion zunimmt und sich die Atemfrequenz erhöht. Die Pupillen erweitern sich und die Verdauungsfunktionen (Magen- und Darmtätigkeit, Gallensekretion und Harnausscheidung) werden herabgesetzt. Zucker- und Fettvorräte werden aus der Leber und den Geweben freigesetzt, deren Verbrennung zu vermehrter Energie führt. Darüber hinaus werden die Nebennieren angeregt verstärkt das Hormon Adrenalin auszuschütten, das unseren Organismus in einen Zustand erhöhter Alarmbereitschaft versetzt. Der Sympathikus stellt also unserem Organismus Energien und Handlungsreserven zur Verfügung, steigert die Kraft und mobilisiert unsere Aktivitäten. Wir sind handlungs- und reaktionsbereit.

Im Gegensatz dazu führt der Parasympathikus zu antagonistischen Reaktionen, wirkt dem sympathischen System entgegen, um einen Ausgleich des physiologischen Gleichgewichtes zu erzielen. Er erweitert die Gefäße, reduziert den Herzschlag und senkt den Blutdruck wieder. Die Schweißsekretion nimmt ab, die Atemfrequenz wird reduziert, die Pupillen verengen sich und die Verdauungsfunktionen werden wieder angeregt. Während es in Phasen der Aktivierung nicht sinnvoll ist zu verdauen, da dies hemmend wäre, bietet sich die Verdauungstätigkeit in Ruhephasen geradezu an. Der Parasympathikus fördert also als Antagonist des Sympathikus durch seinen Einfluß Ruhe, Schlaf und Entspannung.

Beide Anteile sind ausgewogen und aufeinander eingespielt. Nach Phasen der Beanspruchung des Sympathikus, sorgt der Parasympathikus für Ruhe und Entspannung. Umgekehrt zeigt der Sympathikus nach längeren Ruhephasen stärkere Präsenz, der Organismus entwickelt Tendenzen zur Aktivation. Bei Überschreiten dieser Balance reagiert das Nervensystem mit Symptomen. Ermüdung und Erschöpftheit sind erste Warnreaktionen. Bei Nichtbeachtung dieser Hinweise stellt sich bei weiterer Belastung Krankheit ein. Krankheit kann also als Folge einer Anpassungsproblematik verstanden werden.

Wie funktioniert unser Alarmsystem bei Angst?

Bei Angst, starker Erregung oder Streß erleben wir physiologisch zunächst eine Phase, die der Bereitstellung von Energien dient. Die Kreislauf- und Stoffwechselvorgänge werden zunächst auf Sparflamme gestellt, bevor sie dann in der nachfolgenden Phase aktiviert werden. Während in der Vorphase der Parasympathikus mit seinen dazugehörigen Symptomen die Überhand gewinnt, ist es in der nachfolgenden Alarmphase der Sympathikus mit entsprechender Symptomatik. Dem Organismus sollen die notwendigen Energien zur Verfügung gestellt werden, die er benötigt, um angemessen mit Kampf- oder Flucht reagieren zu können. Nach dieser akuten Phase erfolgt ein Abklingen der physiologischen Erregung, wobei die Kreislauf- und Stoffwechselvorgänge unter dem Einfluß des Parasympathikus wieder absinken. Die physiologische Energie hat sich erschöpft. Dieses Nachlassen der Spannung wird als Habituation (= Gewöhnung an einen sich stets wiederholenden Reiz) bezeichnet.

Dieser dreiphasige Ablauf hat sich in vielen wissenschaftlichen Studien immer wieder bestätigen können. Zum besseren Verständnis soll er nachfolgend noch einmal graphisch dargestellt werden.

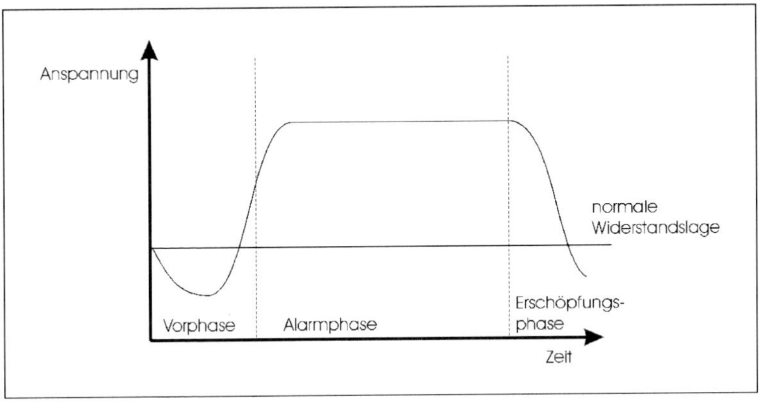

Abb. 2: Der physiologische Ablauf bei Streß und Angstzuständen

Um einen regulativen Einfluß auf dieses physiologische Geschehen nehmen zu können und damit einen physiologischen Ausgleich zu erzielen, haben wir zwei Möglichkeiten: Die erste besteht darin, die überschüssigen Energien des Sympathikus abzubauen. Dies geschieht durch Aktiviation, wobei Kampf oder Flucht als Reaktionsmöglichkeiten diese Funktion erfüllen würden. Die zweite Möglichkeit besteht darin, den Parasympathikus zu stärken. Dies geschieht beispielsweise durch Schlaf und aktive Entspannung oder auch durch Essen.

Typische vegetative Reaktionen bei Angst und ihre physiologischen Erklärungen

Nachfolgend möchte ich Ihnen einige für Angstreaktionen typische vegetative Symptome und die dazugehörigen physiologischen Erklärungen benennen:

- *Schwindelgefühl*

Physiologische Erklärung: Beim Auftreten von Angst und Streß werden in der Anfangsphase zunächst die lebenswichtigen Organe Herz und Lunge sowie die Muskulatur mobilisiert, während die anderen Organe, z.B. Magen- Darmbereich, nur noch minimal im Sinne der Aufrechterhaltung ihrer Funktionen durchblutet werden. Dies bewirkt eine Umverteilung des Blutes in Richtung lebenswichtiger Funktionsbereiche. Unsere Großhirnrinde, die für unsere Bewußtheit zuständig ist, wird in diesen Momenten ebenfalls weniger durchblutet, da sie ein Organ der Peripherie darstellt. Diese Minderdurchblutung wird als Schwindel erlebt.

- *Flimmern vor den Augen, Gleichgewichtsstörungen*

Physiologische Erklärung: Ähnlich verhält es sich mit dem Augenhintergrund, der in diesen Situationen ebenfalls als peripheres Organ gilt und weniger durchblutet wird. Es können vorübergehende Sehstörungen als Flimmern vor den Augen bis hin zum Schwarzwerden sowie Gleichgewichtsstörungen und Ohrensausen auftreten.

- *trockener Mund*

Physiologische Erklärung: Da in Angst- und Belastungssituationen unser Organismus auf Leistung programmiert ist (verstärkte Anregung des Sympathikus zu Lasten des Parasympathikus), werden die Verdauungsvorgänge reduziert. Das Anfeuchten der Nahrung im Mund stellt einen ersten Verdauungsvorgang dar. Aufgrunddessen, daß die Verdauungsdrüsen weniger arbeiten und zudem durch das schnellere Atmen mehr Speichel verdunstet wird, tritt in Folge ein trockener Mund auf.

• *Atembeklemmung*
Physiologische Erklärung: Bei Streß erfolgt eine Zunahme der Atemfrequenz und eine Weiterstellung der Lungenflügel. Sauerstoff wird vermehrt aufgenommen, während der Körper versucht Kohlendioxyd verstärkt abzugeben. Da der zur Verfügung stehende Sauerstoff nicht abberufen wird, bewegt er sich nur in den Bronchien, während die Lungenbläschen in den Randbezirken der Lunge unzureichend beatmet werden. Betroffene haben dann das Gefühl der Atembeklemmung.

• *Herzrasen, Herzstiche*
Physiologische Erklärung: Zur Erhöhung der Leistungsbereitschaft im Organismus wird die Herzfrequenz gesteigert, und es erhöht sich der Blutdruck. Sauerstoff und Zucker sollen vermehrt in die Muskulatur transportiert werden, damit der Körper in Reaktionsbereitschaft gebracht werden kann.
Sehr häufig nimmt die betroffene Person das Herzrasen wahr und richtet ihre Konzentration auf das Herz bzw. die linke Brustseite. In Folge können Herzstiche auftreten, da aufgrund der nervalen Anspannung, bedingt durch die Aufmerksamkeitszuwendung auf diesen Körperbereich, die Zwischenrippenmuskeln stärker kontrahiert werden, was als Schmerz empfunden wird.
Sollte die beschriebene Aufmerksamkeitsausrichtung und die damit verbundene Symptomauslösung über einen längeren Zeitraum bestehen, kann als Folge eine Fehlstellung der Wirbelsäule im Hals- oder Brustbereich auftreten. Auf die Nerven, die diesen Bereich versorgen, wird ein Druck ausgeübt, der von den Betroffenen als Schmerz empfunden und im vorderen Brustbereich lokalisiert wird, da dort die Nerven endigen.

• *Wärme- und Kälteschauer, Schweißausbruch, Taubheit bzw. Kribbeln in den Extremitäten*
Physiologische Erklärung: Bedingt durch die Blutumverteilung im Körper einhergehend mit Gefäßverengungen und -erweiterungen, werden die verschiedenen Körperregionen unterschiedlich mit Blut versorgt, wobei Wärme- und Kälteempfindungen sowie

Taubheitsgefühle und Kribbeln auftreten. Die Haut als peripheres Organ wird minder durchblutet und ist dadurch kühl. Die Schweißdrüsen sondern zur Kühlung des auf Hochleistung ausgerichteten Organismus verstärkt Schweiß ab, der, nachdem er auf die kühle Haut getroffen ist, ebenfalls sofort abkühlt.

• *Übelkeit, Erbrechen, Stuhl- bzw. Harndrang*
Physiologische Erklärung: Da der Organismus auf Höchstleistung eingestellt ist, wird der Magen- Darmtrakt zunächst minderdurchblutet (sympathische Reaktion). Zur Ausbalancierung und Wiederherstellung des Gleichgewichtes findet kurze Zeit später eine verstärkte Aktivierung des Parasympathikus statt, wobei es zu verstärkten Magen- und Darmreaktionen kommen kann, auch wenn keine vorherige Nahrungsaufnahme stattgefunden hat.

• *Zittern, weiche Knie*
Physiologische Erklärung: Der Spannungszustand in den Muskeln steigt durch die erhöhte Energiezufuhr. Muskeln und Gelenke sind auf Bewegung und Aktivität eingestellt. Das Zittern der Muskeln dient der Wärmezufuhr und damit auf Bereitstellung der Leistung. Da die Bereitstellung keine ausreichende Abfuhr erlebt, z.B. durch körperliche Aktivität, wird der Spannungszustand erhöht und als unsicherer Stand wahrgenommen.

Angst als Anpassungsstörung

Wir haben uns bisher mit dem Wesen der Angst und seinen verschiedenen Anteilen beschäftigt. Dabei sind wir zunächst von dem ausgegangen, was normal und funktional ist. Dies ist notwendig gewesen, um dysfunktionale Angstreaktionen, über die wir uns jetzt unterhalten wollen, besser verstehen zu können, also Angstreaktionen, die einen Krankheits- oder Störungscharakter haben.

Während angemessene Angst schützt und Überleben sichert, führt unangemessene Angst zu Blockierungen und Gefahr. Unangemessene Angst erleben wir immer dann, wenn die Erregung ein bestimmtes Maß überschritten hat oder sich als zu schwache Reaktion zeigt. In beiden Fällen führt das Ausmaß an Erregung nicht zu einer Leistungsmaximierung im Sinne von Aufmerksamkeit, Konzentration und Wachheit, sondern jeweils zu einer Abnahme dieser Faktoren. Angst und Leistung stehen in einem umgekehrt U-förmigen Verhältnis: ist die Angstreaktion zu stark oder zu schwach, sinkt jeweils die Leistungsfähigkeit. Nur dann, wenn die Angst oder Anspannung in einem angemessenen Verhältnis zur objektiven Situation steht, ist eine optimale Leistungsfähigkeit gegeben. In einem derartigen Fall kann die Angst als angemessen und normal bezeichnet werden, ist Angst funktional.

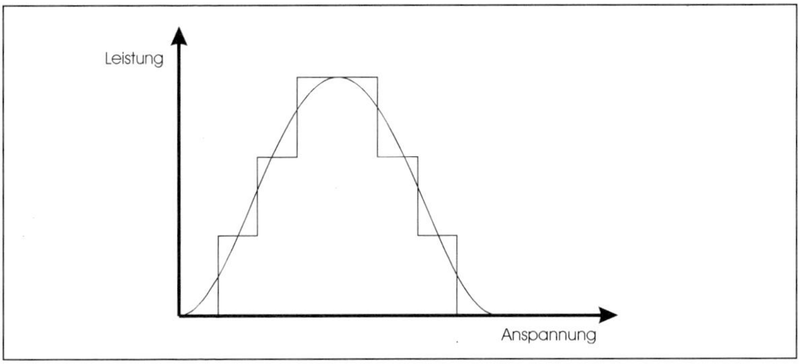

Abb. 3: Beziehung zwischen Leistung und Anspannung (umgekehrt U-förmige oder Treppenfunktion)

Wie entstehen Ängste und Phobien?

Es können unterschiedliche Gründe und Ursachen sein, derentwegen sich eine Angsterkrankung entwickelt.

Das klassische Beispiel für die Entwicklung einer Phobie, also einer unangemessen starken Angstreaktion auf ein Objekt oder eine Situation, das/die nicht angsterzeugend ist, ist das **Konditionierungslernen.** Darunter versteht man, daß ein ursprünglich neutraler Reiz, z.B. eine bestimmte Person, durch Lernen eine bestimmte Reaktion, z.B. Angst, hervorrufen kann.
Ein Beispiel aus meiner Praxis soll dies verdeutlichen:

Eine meiner Patientinnen berichtet in einem Trainingskurs „Sozialer Kompetenzen“, daß sie in einem bestimmten Geschäft, in das sie erstmalig gegangen sei, von einer Verkäuferin auf widerliche Art und Weise „heruntergemacht“ wurde. Diese sei ihr gegenüber äußerst unfreundlich und herablassend gewesen, habe sie behandelt wie ein „kleines, dummes Kind“. Meine Patientin sei sehr erregt gewesen, habe Ängste und Wut entwickelt, sich jedoch alles bieten lassen, da sie nicht gewußt habe, wie sie mit dieser Situation hätte umgehen sollen. Noch Wochen später habe sie sich über die Verkäuferin geärgert und sogar die Straße, in der das Geschäft gelegen sei, gemieden, aus Angst, dieser Verkäuferin wieder zu begegnen. Ihre Unsicherheiten hätten sich dann auch auf Verkäuferinnen in anderen Geschäften übertragen und sogar auf eine Bekannte ihrer Freundin, die so ähnlich aussah wie die Verkäuferin, die sie so schlecht behandelt hatte.

Was hier in diesem Beispiel stattgefunden hat wird als Konditionierungslernen bezeichnet. Ein ursprünglich neutraler Reiz, nämlich die Verkäuferin, ist zu einem konditionierten Reiz geworden, der die konditionierte Reaktion, nämlich Angst, hervorruft. Bedingt durch die negative Erfahrung mit der Verkäuferin hat bei meiner Patientin ein Lernprozeß stattgefunden, ist Angst konditioniert worden, wie wir Psychologen sagen. Nachfolgende Vermeidung des angstauslösenden Reizes (der Verkäuferin) verstärkt die Angstreaktion und führt zu ihrer Verfestigung mit der Gefahr, daß sich die Angst auch auf vergleichbare Personen oder Situationen überträgt, also generalisiert. Es kann dann z.B. passieren, was auch in diesem Fall wirklich so geschehen ist, daß die betroffene Patientin die erlernten Ängste auf andere vergleichbare Personen (andere Verkäuferinnen oder die Bekannte der Freundin) überträgt und diesen gegenüber von vornherein mit Angst begegnet, ohne überhaupt irgendeine negative Erfahrung mit diesen zuvor gemacht zu haben.

Angst entsteht ferner durch **Modell- oder Imitationslernen.** Als Kind übernehmen wir viele Verhaltensweisen unserer Eltern und Bezugspersonen. Kinder registrieren genau, wie sich Erwachsene verhalten und versuchen deren Verhalten zu imitieren. Das kann soweit führen, daß Kinder Körperhaltungen, Bewegungsabläufe, Verhaltensweisen, sprachliche Ausdrucksmuster usf. von Erwachsenen, die für sie Modellcharakter haben, übernehmen. Auch Angst kann durch diese Art des Lernens erworben werden, wie das nachfolgende Beispiel zeigt:

Frau B., Mitte dreißig, meldet sich zur Verhaltenstherapie an. Sie klagt über Angst- und Panikreaktionen, die teils überfallartig kommen, teils aber auch über den Tag verteilt sind. Sie erlebt dann starke Anspannungsgefühle, phasenweise Herzrasen, Schwindelgefühle und das Gefühl drohender Ohnmacht. Organisch sei die Symptomatik abgeklärt worden. Sie gehe seit Jahren zu den unterschiedlichsten Ärzten und habe alle möglichen Untersuchungen hinter sich gebracht, ohne daß organisch etwas gefunden worden sei. Rein körperlich sei sie gesund, wie ihr die Ärzte durchgängig bescheinigt hätten.

Anamnestisch stellt sich heraus, daß auch ihre Mutter unter Angstzuständen leidet. Sie meidet wie die Patientin bestimmte Situationen und Örtlichkeiten, klagt, solange sich die Patientin erinnern könne, immer wieder über Schwindel, Kreislaufbeschwerden und der Angst, daß sie „durchdrehe“. Zu vielen Verabredungen mit ihren Freunden und Bekannten sei die Mutter nicht mitgegangen. Es habe deshalb auch häufig schon in der Vergangenheit Streit mit dem Vater gegeben. Auch sei die Mutter regelmäßig zu Ärzten gegangen und habe eine ganze Batterie an Medikamenten, die sie einnehme. Dies sei eigentlich schon immer in ihrer Familie so gewesen, daß die Krankheit der Mutter einen starken Einfluß auf das Familienleben genommen habe.

Auf Anfrage berichtet die Patientin weiter, daß auch ihre Großmutter mütterlicherseits über ähnliche Symptome klage, seit Jahren das Haus nicht mehr verlassen habe und bevorzugt „Klosterfrau Melissengeist“ einnehme, um ruhiger zu werden. In dem Zusammenhang falle ihr jetzt auf, wo sie über die Ängste in ihrer Familie berichte, daß neulich ihre Tochter, die das erste Schuljahr besuche, wiederholt die Schule früher verlassen habe. Sie habe gesagt, daß es ihr so komisch sei, die Lehrerin habe zu Hause angerufen. Den anderen Tag wollte die Tochter auch nicht zur Schule gehen, aber die Patientin habe sie trotzdem geschickt und danach sei es auch gegangen.

Sie sehen an diesem Beispiel, daß sich Ängste über Generationen hinweg fortsetzen können. Sie stellen, wenn Sie so wollen, ein psychologisches Erbe dar, das von einer Generation auf die andere weitergegeben wird und somit eine Art Familientradition darstellt Die Weitergabe erfolgt ganz einfach und automatisch über Modell- und Imitationslernen.

Darüber hinaus können Ängste auch als Reaktion auf **Loslösungs- und Konfliktsituationen** entstehen. Typische Belastungssituationen stellen die Loslösung vom Elternhaus sowohl für Eltern als auch für Kinder dar oder auch Partnerschaftskonflikte. Für Letzteres ein Beispiel zur Veranschaulichung:

Frau M. ist seit zwölf Jahren verheiratet und hat mit ihrem Mann, einem selbständig tätigen Ingenieur, zusammen zwei Mädchen im Alter von zehn und acht Jahren. Für sie ist dies die erste Ehe, während ihr Mann bereits einmal verheiratet war und mit seiner ersten Frau zusammen drei Kinder hat, die in deren Haushalt leben. Nachdem die Beziehung in den ersten Ehejahren für Frau M. relativ zufriedenstellend verlief, entpuppt sich der Ehemann im Laufe der Zeit, besonders nach der Geburt der beiden Kinder, als Egoist und, wie Frau M. sagt, als „Tyrann". Neben seiner ihm schon sehr vereinnahmenden selbständigen Tätigkeit, geht er nun verstärkt eigenen Interessen nach. Dreimal wöchentlich hat Herr M. seinen Sport. Darüber hinaus entwickelt er Aktivitäten in zwei Vereinen, in denen er Aufgaben und Ämter übernimmt. An den Wochenenden stehen ebenfalls regelmäßig Termine mit Sportkameraden oder Parteifreunden an. Für die Familie bleibt kaum noch Zeit, die Kinder werden durchgängig von Frau M. versorgt und betreut. Gemeinsamkeiten erlebt das Ehepaar recht selten. Das wenige Zusammensein beschränkt sich auf sexuelle Aktivitäten, wobei Herr M. von seiner Frau beansprucht, daß sie ihm auf sein Verlangen hin sexuell zur Verfügung stehe.

Frau M. hat sich den Wünschen ihres Mannes angepaßt und ist bemüht, es ihm recht zu machen, obwohl sie die Partnerschaft nicht mehr zufriedenstellt. Versuche mit dem Ehemann zu reden scheitern, da sich Herr M. auf kein Gespräch einläßt, sondern vielmehr darauf verweist, daß es ihr materiell doch gut gehe. Gedanken von Frau M. sich zu trennen, verwirft sie mit Rücksicht auf die Kinder. Eines Tages wird sie mit Verdacht auf Herzinfarkt in ein Krankenhaus eingewiesen. Während des Einkaufens wird ihr plötzlich übel und schwindelig, alles dreht sich, ein Schmerz zieht in die linke Brustseite zum Herzen und den linken Arm hin. Frau M. hat das Gefühl jeden Moment umzufallen und zu sterben. Die Situation ist für sie extremst bedrohlich. Mit letzter Anstrengung sucht sie die nächste Arztpraxis auf und wird umgehend, nachdem sie eine Beruhigungsspritze erhält, auf die Intensivstation eines Krankenhauses eingeliefert. Es ergibt sich jedoch kein organischer Befund. Vielmehr hatte Frau M. ihren ersten Panikzustand.

Auch **chronische Überforderung und Streß**, die den Organismus in einen ständigen Alarmzustand versetzen, können Ursache für die Entwicklung einer Angstsymptomatik sein. Die für den Menschen notwendigen Entspannungsphasen werden mit der Zeit immer kürzer, zudem kommen die Betroffenen immer schlechter zur Ruhe, können immer schlechter „abschalten". Es stellen sich Einschlaf-und Durchschlafstörungen ein und verstärkte Spannungsgefühle, auch an den Wochenenden und mitunter im Urlaub. Hier ein Beispiel:

Herr P. ist Repräsentant und Vertreter für Büromöbel. Er hat eine primär fahrende Tätigkeit, bei der er Kunden aufsuchen muß, um ihnen seine Produkte anzubieten. Neben einem relativ geringen Grundgehalt bezieht er den größten Teil seines monatlichen Einkommens durch Umsatzprovisionen, d.h. Herr P. muß viel verkaufen, damit sein Verdienst zunimmt.

Neben diesem Belastungsfaktor entwickelt sich ein zunehmender Konkurrenzkampf um Marktanteile, denn auch andere Firmen buhlen um die Gunst der Kunden. So kommt es auch, daß einige Kunden, mit denen Herr P. bisher zusammengearbeitet hat, ihm keine oder nur noch reduzierte Aufträge zukommen lassen. Von Seiten seiner Firmenleitung erhält Herr P. zunehmend mehr Druck bis hin zur schriftlichen Abmahnung und Androhung einer Kündigung, wenn die Umsätze nicht wieder steigen würden.

Eines Tages, Herr P. kommt gerade von einem unerfreulichen Kundenbesuch und befindet auf der Autobahn Richtung Heimweg, treten plötzlich starkes Herzrasen, Schweißausbruch und Schmerzen in der Herzgegend auf. Er denkt sofort an einen Herzinfarkt. Schon Tage zuvor ist ihm schon einmal schwindelig geworden. Er hat dies jedoch ignoriert. Später sind die Beschwerden dann auch wieder verschwunden. Untersuchungen bei verschiedenen Ärzten, die er in der Folge aufsucht, bringen keine körperlichen Auffälligkeiten. Die Beschwerden stellen sich jedoch wieder ein. Es sei „vegetativ bedingt" hört er immer wieder. Auch Herr P. bekommt Angst- und Panikzustände.

II. Teil:

Bewältigungsmöglichkeiten der Angst

Die Angststörung und Möglichkeiten ihrer Überwindung

Es gibt nicht die Angsterkrankung an sich, wie Ihnen die aufgeführten Beispiele gezeigt haben, sondern es werden verschiedene Formen von Angststörungen unterschieden. Im ICD-10 ("Internationale Klassifikation psychischer Störungen, 10. Revision"), einem von der Weltgesundheitsorganisation erarbeiteten Klassifikationssystem, werden folgende Formen der Angststörungen unterschieden:

Phobische Störungen

Hierbei handelt es sich um eine Gruppe von Störungen, bei der die Angst gänzlich oder fast ausschließlich durch deutlich abgrenzbare Situationen oder Objekte, die im allgemeinen ungefährlich sind und außerhalb der eigenen Person liegen, hervorgerufen wird.

Es werden verschiedene Formen phobischer Störungen unterscheiden, so z.B.

Agoraphobie

Diese Form der Phobie wird von den Betroffenen als besonders einschränkend erlebt. Es besteht die Angst, das eigene Haus zu verlassen, sich in eine Menschenmenge zu begeben, Geschäfte oder öffentliche Einrichtungen zu betreten oder allein mit Bussen, Zügen und anderen Verkehrmitteln zu fahren. Im Extremfall sind die Angstbetroffenen an das Haus gefesselt. Viele befürchten auch, aufgrund der Symptomatik umzukippen, zu kollabieren oder hilflos darniederliegend der Öffentlichkeit ausgesetzt zu sein. Die Agoraphobie kann mit oder auch ohne Panikstörung auftreten.

Soziale Phobie

Hierbei handelt es sich um die Angst, durch andere Personen kritisch geprüft, beachtet und negativ bewertet zu werden. Die Angst bezieht sich in der Regel auf kleine soziale Gruppen, wie beispielsweise Essenssituationen, Sprechen in der Öffentlichkeit oder Kontakt zum anderen Geschlecht. Eng mit dieser Symptomatik verbunden ist ein niedriges Selbstwerterleben.

Spezifische (isolierte) Phobien

Diese Form der Phobie ist dadurch gekennzeichnet, daß sich die Angst auf bestimmte Situationen oder Objekte bezieht, wie beispielsweise Dunkelheit, geschlossene Räume, bestimmte Tiere, Brücken, (Zahn)- Arztbesuch, Spritzen u.a.

Andere Angststörungen

Während sich bei der Gruppe der Phobien die Angstsymptomatik auf bestimmte Umgebungssituationen begrenzt, tritt die Angst bei den Anderen Angststörungen unabhängig von derartigen Begrenzungen auf.

Folgende Unterformen werden unterschieden:

Panikstörung

Kennzeichnend für diese Störung, die bereits 1871 in der wissenschaftlichen Literatur beschrieben wurde, sind die immer wiederkehrenden schweren Panikzustände (Angstattacken), die nicht vorhersehbar sind. Sie beschränken sich daher auch nicht auf bestimmte Situationen oder Umstände. Meist entwickeln sich im Zusammenhang mit der Panik sekundär Ängste zu sterben, die Kontrolle zu verlieren, zu kollabieren, durchzudrehen oder die Angstsymptomatik nicht aushalten zu können (Angst vor der Angst).

Generalisierte Angststörung

Die Angst wird durchgängig, frei flottierend erlebt. Sie ist nicht an bestimmte Umgebungsreize gekoppelt. Oft zeigen sich angsterzeugende Gedanken in der Richtung, daß Angehörigen etwas passieren könnte, wie zu erkranken oder zu verunglücken.

Gemischte Angst und depressive Störung

Bei dieser Kategorie treten Angst und Depression gleichermaßen stark auf, ohne daß die eine oder andere Störung eindeutig hervorsticht.

Somatoforme Störungen

Charakteristisch ist die wiederkehrende Präsentation von körperlichen Beschwerden im Zusammenahng mit der Forderung diese medizinisch abzuklären. Diese Forderungen werden von den Betroffenen auch dann weiterhin aufrecht erhalten, selbst wenn die Untersuchungen wiederholt keinen Befund erbracht haben und die Ärzte ihnen versichern, daß ihre Beschwerden nicht körperlich begründet sind.

Hypochondrische Störung

Diese Form der Störung erwähne ich deshalb, weil es sich hierbei um eine Form der Phobie handelt, nämlich der übersteigerten Angst, daß eine Krankheit (Nosophobie) oder körperliche Entstellung (Dysmorphophobie) vorliegt. Aufgrund der Definition phobischer Störungen des ICD-10, daß das phobsiche Objekt oder die phobische Situation außerhalb der betreffenden Person liegen muß, erfolgt die Klassifikation unter der Kategorie Hypochondrische Störung.

Angststörungen stellen bei Frauen die häufigste, bei Männern nach Abhängigkeitserkrankungen die zweithäufigste Form von psychischen Beeinträchtigungen dar. Akut leiden ca. 8% der Bevölkerung an einer behandlungsbedürftigen Angsterkrankung, während ca. 15% im Laufe ihres Lebens eine derartige Störung bekommen.

Ein Leben ohne Angst gibt es allerdings nicht und wäre auch nicht wünschenswert, sollte daher auch niemals ein Therapieziel sein. Denn Angst hat eine lebensrettende Funktion und diese sollten wir behalten. Es geht vielmehr darum, unangemessene Ängste abzubauen.

Egal jedoch, in welcher Form sich die Angst zeigt, um sie bewältigen zu können, haben Sie keine andere Wahl als sich **der Angst zu stellen** und damit das zu tun, vor dem Sie eigentlich Angst haben. Dies ist Ihre einzige Chance: Sie dürfen nicht vermeiden.

Aber das ist, wie Sie einwenden werden, leichter gesagt als getan. Theoretisch ist es ja richtig und klar, doch praktisch ist es sehr schwer. Ich stimme Ihnen auch zu und möchte Ihnen deshalb einige Informationen geben, damit es etwas leichter fällt, sich mit der Angst zu konfrontieren und diese zu bewältigen.

Lassen Sie mich Ihnen zunächst das **Habituationsprinzip** erklären. Den Begriff der Habituation, zu deutsch Gewöhnung, kennen Sie bereits schon von dem dreiphasigen Verlauf bei Streß und Angstreaktionen aus dem Kapitel „Das vegetative Nervensystem“. Aus dem Alltag ist Ihnen sicherlich auch folgende Situation bekannt, die das Prinzip der Habituation am Beispiel des menschlichen Sehens beschreibt:

Wenn Sie aus einem hell in einen dunkel beleuchteten Raum kommen, so sehen Sie zunächst nichts bis nicht sehr viel. Mit der Zeit hat sich jedoch Ihr Auge an die veränderten Lichtverhältnisse gewöhnt und ist in der Lage Umrisse und Schemen zunächst schwach, später immer deutlicher zu erkennen. Das Auge hat sich an die neuen Lichtverhältnisse angepaßt.

Vergleichbares konnte bei fast jeder Wahrnehmungsmodalität nachgewiesen werden. Lediglich bei Schmerz scheint es keine Habituationsfähigkeit und damit ein Nachlassen des Schmerzes über die Zeit hin zu geben. Allerdings wirkt das Habituationsprinzip im Emotionsbereich, d.h. im Bereich der Gefühle, der für unsere Thematik interessant ist. Jedes Gefühl erschöpft sich mit der Zeit, wenn man es nur lange und intensiv genug erlebt hat. So ist der Ärger, der heute noch sehr stark ist, morgen schwächer und einen Monat später weiter in den Hintergrund getreten. Im Alltagssprachgebrauch sagt man auch: „Erst einmal eine Nacht darüber schlafen!“, womit das Prinzip deutlich gemacht wird, daß das Ärgergefühl mit der Zeit nachläßt.

Mit anderen Gefühlen verhält es sich ebenso, seien es positive oder negative. Sie können nicht permanent fröhlich oder verliebt sein, von Eifersucht geplagt oder durch Depressionen gepeinigt werden; auch wenn Sie es möglicherweise so empfinden, daß diese Zustände niemals aufhören würden, sofern Sie darunter leiden. Beim intensiven Ausleben dieser Gefühle tritt jedoch automatisch ein Nachlassen ein. Ebenso bei der Angst.

Angst baut sich zunächst auf. Dieser Aufbau kann entweder ganz allmählich oder auch sehr rasch sein. Irgendwann jedoch erreicht die Angstintensität ihren Höhepunkt. Nachdem die Angst diesen überschritten hat, tritt automatisch ein Nachlassen ein, d.h. die Angstintensität läßt nach, habituiert. Es ist jedoch eine Frage der Zeit, wann diese Phase eintritt, sie tritt jedoch auf **jeden Fall** ein. Voraussetzung für ihr Eintreten ist aber, daß Sie die Angst oder Panik **akzeptieren und annehmen** und sich nicht zusätzlich in diese Symptomatik hineinsteigern. Sind diese Voraussetzungen nicht gegeben, verlängert sich die Phase der Anspannung unnötigerweise.

Frau L. leidet unter Angststörungen. Sie hat sich mit ihrer Problematik ausführlich, auch literarisch, beschäftigt und dabei immer wieder erfahren, daß sie in die angstbesetzten Situationen gehen soll, damit ihre Angst nachläßt.

Dies tut sie auch. So geht sie durch die City, obwohl sie die ganze Zeit die Angst plagt. Sie fährt Aufzug, geht in Geschäfte und Veranstaltungen, kurzum, sie konfrontiert sich mit den für sie schwierigen Situationen. Aber die Angst bleibt. Als Frau L. schließlich die Verhaltenstherapie aufsucht, ist sie sehr resigniert und erschöpft. „Ich tue alles, was verlangt wird," sagt sie „aber trotzdem wird die Angst nicht weniger. Irgend etwas stimmt nicht. Bin ich vielleicht nicht lange oder oft genug in diesen Situationen?"

Nein, der zeitliche Faktor war es nicht primär, der Frau L.'s Bemühungen immer wieder Grenzen zeigte. Frau L.'s Problem war, daß sie die Angst nicht akzeptieren und annehmen wollte und sich deshalb der Höhepunkt der Angst immer wieder ausdehnte und unnötigerweise verlängerte. Frau L. lehnte die Angst ab, wollte sie nicht haben, dieses unangenehme quälende Gefühl, das langsam und immer wieder den Körper hochkriecht und sie belastet. Eine verständliche Reaktion, die jedoch nicht den erwünschten Erfolg brachte. Denn je mehr Frau L. die Angst ablehnte, um so stärker drängte sie sich auf. Frau L. erlebte daher auch ihre Bewältigungsversuche als Mißerfolg und begann daran zu zweifeln, jemals ihr Problem in den Griff bekommen zu können.

!! Achtung: Wenn Sie die Angst nicht akzeptieren, verlängert sich Ihre Spannungsphase unnötig.

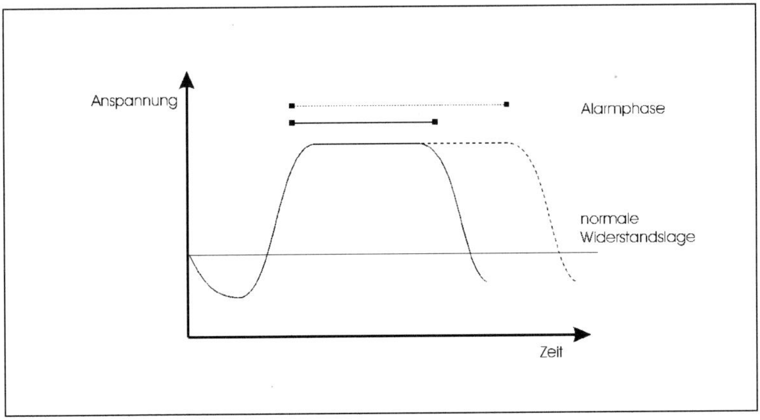

Abb. 4: Typischer Angstverlauf unter
——— Akzeptanzvoraussetzungen
– – – Nicht-Akzeptanzvoraussetzungen

Zwar tritt auch bei Nichtakzeptanz irgendwann zu einem späteren Zeitpunkt die Erschöpfungsphase und damit ein Nachlassen der physiologischen Spannung ein, denn der Organismus kann auf Dauer ein so hohes Spannungsgefühl nicht aufrechterhalten. Doch dies müßte nicht sein, Sie quälen sich unnötig lange.

Sind Sie jedoch bereit Ihre Ängste so anzunehmen und sich ihnen zu stellen, so belastend diese auch sein mögen, so tritt ein Nachlassen Ihrer Spannung ein, die Ängste nehmen ab. **Sie** sind im Grunde viel stärker als Ihre Ängste, auch wenn Sie es derzeit möglicherweise noch nicht realisieren können. Die Tatsache, daß Sie die Ängste akzeptieren, heißt jedoch nicht automatisch, daß Sie diese auch für gut empfinden. Dies sind zwei Paar Schuh. Klar ist, daß Sie die Angst losbekommen wollen. Es geht jedoch nur so.

Je häufiger Sie nun bereit sind durch Ihre Spannungszustände zu gehen, um so mehr tritt die Angst in den Hintergrund, um so schneller läßt sie auf Dauer nach. Es kann jedoch durchaus sein, daß sie hin und wieder stärker auftritt, z.B. wenn Sie viel Streß oder Ärger haben, aber in der Tendenz nimmt die Angst unter den genannten Voraussetzungen ab, bis sie ganz verschwindet oder auf ein Niveau abgleitet, daß erträglich ist.

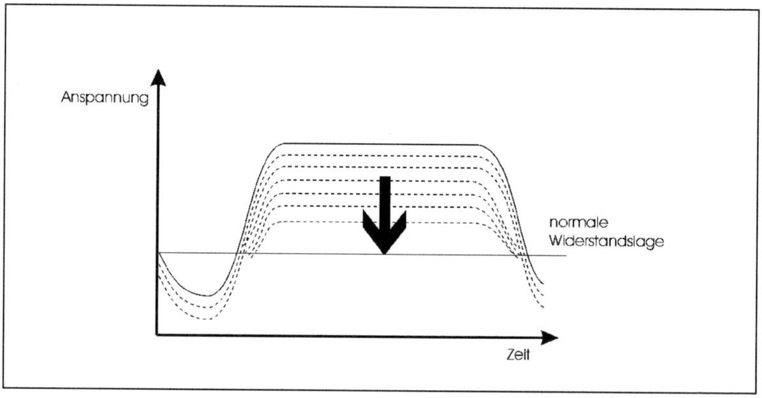

Abb. 5:
Die Wirkungsweise des Habituationsprinzips bei wiederholter Konfrontation

Doch noch ein Wort zu den **ineffektiven Strategien**. Ein Fehler, den viele Menschen mit Ängsten machen, so daß das Habituationsprinzip nicht unmittelbar wirksam werden kann, besteht darin, die angstauslösende Situation zu meiden oder sich nur unzureichend damit zu konfrontieren. Das Angst und Spannungsgefühl tritt dann entweder erst gar nicht auf bzw. es findet durch das Hinausgehen aus der Situation eine unmittelbare Spannungsreduktion statt. Die betroffene Person ist dann zwar kurzfristig erleichtert, da sie das negative Gefühl nicht mehr hat, aber langfristig bietet sich dieses Vorgehen als keine sinnvolle Lösung an. Denn, wenn Sie das nächste Mal in eine vergleichbare Situation kommen, tritt die Angst wieder auf, möglicherweise noch schneller und intensiver. Sie müßten dann wieder vermeiden und je häufiger Sie es tun, um so mehr erweitert sich die Angst auf vergleichbare Situationen.

Wir Verhaltenstherapeuten sprechen dann von **Generalisierung**. Die Konsequenz dürfte Ihnen dabei deutlich sein: Ihr Aktionsraum wird enger und enger, Sie verlieren sich zunehmend mehr in den Ängsten.

Ebenso ineffektiv wie die Vermeidung und unzureichende Konfrontation mit den angstauslösenden Reizen ist es, zu versuchen die Ängste mit Tabletten, Alkohol oder anderen Mitteln erträglicher zu machen. Es bringt Ihnen nur eine zeitbegrenzte Erleichterung, die nämlich so lange andauert, wie diese Mittel wirken. Danach sind die Ängste wieder da. Sehr häufig werden sie noch intensiver erlebt als zuvor. Zudem besteht die Gefahr in eine **Sucht oder Abhängigkeit** hinein zu rutschen. Viele Suchtkranke sind im Grunde primär Angstbetroffene. Schätzungen haben ergeben, daß ungefähr 25% der abhängigkeitsbetroffenen Personen auch unter einer Angsterkrankung leiden. Also seien Sie vorsichtig und passen Sie gut auf.

Besonders zu warnen ist vor der Langzeitverordnung von benzo–diazepinhaltigen Schlaf- und Beruhigungsmitteln (Tranquilizer).

Diese haben ein hohes Suchtpotential bereits bei niedriger Dosierung (sog. Niedrigdosenabhängigkeit). Bei schweren Angst- oder Erregungszuständen kann eine kontrollierte Einnahme über zwei-bis maximal vier Wochen sinnvoll oder gar notwendig sein. Als kritisch ist jedoch eine Verordnung über diesen Zeitraum hinaus anzusehen. Untersuchungen haben ergeben, daß ca. 1,5 Millionen Menschen über längere Zeiträume Medikamente mit Abhängigkeitspotential erhalten. Erfahrungsgemäß entsteht dann eine Langzeitverordnung durch den Arzt, wenn Medikamente, die eine Abhängigkeit hervorrufen können, über mehrere Wochen verordnet werden. Zwei Drittel dieser Verordnungen gehen an Frauen.

Dieser Hinweis soll allerdings nicht bedeuten, daß Medikamente in Bezug auf die Angstbehandlung generell abzulehnen sind. Vielmehr möchte ich auf die Gefahren hinweisen, die bei unkontrolliertem Medikamentengebrauch auftreten bzw. auch dann, wenn Medikamente bei Angststörungen über einen längeren Zeitraum genommen werden. Bereits schon nach ca. 6 Wochen ist die Wirkung eines Medikamentes am höchsten. Danach bringt selbst eine höhere Dosierung keinen weiteren Effekt in Richtung Angstreduktion. Vielmehr wird die Gefahr in eine Abhängigkeit zu gleiten erhöht, vor allem dann, wenn die medikamentöse Behandlung die einzige Art der Angstbehandlung darstellt. Zudem besteht bei rein medikamentöser Angstbehandlung nach dem Absetzen des Medikamentes eine extremst hohe Rückfallquote von 80 - 100%, was deutlich machen sollte, daß eine rein medikationsorientierte Therapie mittel- bis langfristig mehr schadet als nützt.

Den Betroffenen wird zudem das Erleben der eigenen Kompetenz genommen, nämlich daß Sie **allein** in der Lage sind die Ängste zu bewältigen. Es bildet sich vielmehr eine Einstellung dahingehend heraus, die Angstbewältigung nur über die Krücke „Tablette" realisieren zu können. Wichtig ist aber für eine erfolgreiche Angstmodifikation, daß Sie die Wahrnehmung der eigenen Kompetenz und Bewältigung erleben. Bei längerer Medikamenteneinnahme werden Sie dieses Bewußtsein nie ausreichend erhalten können, denn Sie werden Ihre Kontrolle der Angst immer auf die Wirkung des Medikamentes zurückführen. Und dies ist eine psychologische Abhängigkeit. Ihre Fähigkeiten und Ihr Bewältigungsverhalten mit schwierigen und belastenden Situationen und Anforderungen, wie mit einer Angststörung, angemessen umzugehen und diese zu meistern, nehmen ab und verkümmern.

Eine meiner Patientinnen hat seit über zehn Jahren Angst- und Panikzustände. Seit dieser Zeit nimmt sie regelmäßig Medikamente ein, die unterschiedlichsten Präparate. Seit fünf Jahren jedoch ist sie bei einem Medikament geblieben, von dem sie täglich jeden Morgen eine Tablette konsumiert. Sie achtet peinlich darauf, wenn sie die Wohnung verläßt, daß sie das Präparat nicht vergißt. Stehen für sie angstbesetzte Situationen an, z.B. in die Stadt oder zu Veranstaltungen zu gehen, so sorgt sie dafür, daß sie die Medikamentenschachtel bei sich hat, um für den „Notfall" gerüstet zu sein.

Während der Verhaltenstherapie wurde meine Patientin aufgefordert allein in die Stadt zu gehen, ein bestimmtes Geschäft aufzusuchen und sich danach einen vereinbarten Zeitraum in der Stadt aufzuhalten. Es klappte auch recht gut. Sie hatte das vereinbarte Geschäft gemeistert und sich den Großteil der vereinbarten Zeit in der Stadt bewegt. Plötzlich kam ihr jedoch der Gedanke in den Sinn: „Habe ich auch meine Tabletten mit?" Die Patientin stellte nach hektischem Suchen fest, daß sie diese vergessen hatte und bekam unmittelbar danach starke Panikzustände, die sie nicht zu kompensieren glaubte und daraufhin eilig die Situation verließ.

In der Zeit, in der sie in der Lage gewesen war, die Ängste zu kompensieren, hatte sie keine Tabletten mit, doch sie wußte es nicht und ging davon aus, daß sie wie immer für den Notfall gerüstet gewesen sei. Meine Patientin war psychologisch von den Medikamenten abhängig, glaubte nicht, daß sie allein in der Lage sei, ihre Ängste zu bewältigen. Für einen Psychotherapeuten stellt sich solch ein Fall als große Herausforderung dar, die all seine Kunst verlangt.

Neben den genannten Risiken und Gefahren haben Medikamente natürlich auch eine positive, hilfreiche Komponente, die erwähnt werden muß. Vor allem nach starken und langandauernden Spannungszuständen bringen sie zunächst erst einmal eine Erleichterung mit sich, die Betroffene häufig so in dieser Form lange nicht erlebt haben. Sie erfahren mitunter erstmalig, daß es überhaupt möglich ist, die Ängste zu kompensieren. Das ist als sehr positiv und motivationsfördernd anzusehen.

Zudem ist in einigen Fällen bei sehr starker Angst und Anspannung eine Psychotherapie aufgrund des hohen Spannungsniveaus gar nicht bzw. nur eingeschränkt möglich, da die Angstbetroffenen nicht ausreichend in der Lage sind die therapeutischen Interventionen zu verstehen und umzusetzen. In Studien wurde herausgefunden, daß beispielsweise bei sozialen Phobien oder bei gemischt auftretenden Angst- und Depressionsstörungen Veränderungen im Hirnstoffwechsel vorliegen. In diesen Fällen wäre auch eine längerfristige, d.h. über Monate, andauernde pharmakologische Behandlung mit Antidepressiva sinnvoll. Antidepressiva bewirken hierbei eine Normalisierung der Stoffwechselvorgänge im Gehirn und führen zur Abnahme von Angst, Spannung und Gefühlen der Niedergeschlagenheit.

Doch sollte es - von den beschriebenen Fällen abgesehen - **immer** Ziel der Therapie sein, möglichst schnell, d.h. nach einigen Wochen, von den Tabletten wieder wegzukommen, um selbständig in der Lage sein zu können die Ängste zu bewältigen. Eine Therapie, die dieses Ziel aus den Augen läßt, ist fachlich ein faux-pas. Daher ist sowohl die Devise unsinnig „Bei jeder Angsttherapie muß medikamentös behandelt werden!" als auch die Devise „Psychotherapie statt Pillen!" Richtig ist vielmehr: Soviel Medikation wie nötig, sowenig wie möglich.

Zusammenfassung

Lassen Sie mich abschließend noch einmal dieses Kapitel in seinen wichtigsten Aussagen zusammenfassen:

Effektive Strategien der Angstbewältigung sind

1. Akzeptanz und Annahme der Angstproblematik.
2. Konfrontation mit den angstauslösenden Reizen.
3. Die Konfrontation muß wiederholt stattfinden und durchgeführt werden und dabei so lange andauern, bis eine Spannungsreduktion stattfindet.
4. Medikamente können zu Beginn der Therapie unterstützend und motivationsfördernd sein, sollten jedoch, von Ausnahmen abgesehen, so bald wie möglich abgesetzt werden.

Ineffektive Strategien sind

1. Ablehnung und Nichthabenwollen der Ängste.
2. Vermeidung der angstauslösenden Stimuli.
3. Unzureichende Konfrontation mit den angstauslösenden Stimuli bzw. zu früher Abbruch der Konfrontation.
4. Alkohol und rein medikamentöse Behandlung.

Der Teufelskreis der Angst

Wie Sie bereits wissen, ist Angst ein Zusammenspiel verschiedener Komponenten. Bei Angst reagiert unser Körper (physiologische Komponente) und zeigt bestimmte Symptomatiken (körperliche Komponente), diese nehmen wir wahr (Wahrnehmungskomponente) und interpretieren sie (kognitive Komponente). Abb. 6 zeigt dieses wechselseitige Zusammenspiel noch einmal schematisch:

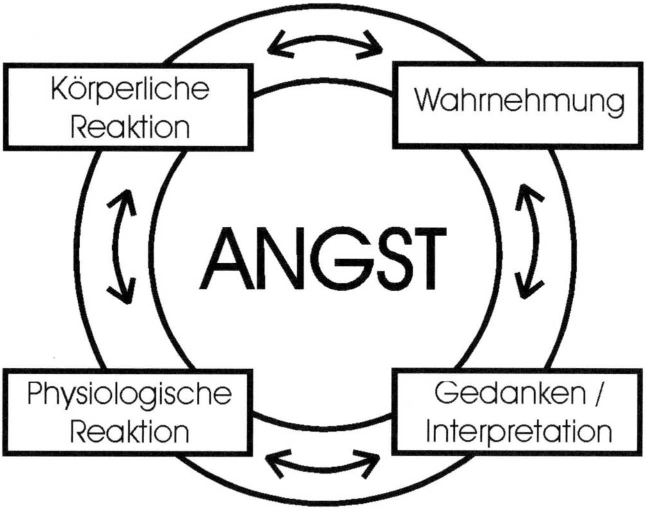

Abb. 6: Der Teufelskreis der Angst

Angstzustände können von jeder dieser Komponenten ausgelöst werden. Sie können beispielsweise morgens mit starkem Herzklopfen und Schwindelgefühlen aufwachen, nehmen diese Symptomatik wahr und interpretieren diese als bedrohlichen körperlichen Zustand („Hoffentlich bekomme ich keinen Herzinfarkt!"). In Konsequenz gehen Sie zum Arzt, um sich untersuchen zu lassen.

Oder: Sie bekommen von einer Bekannten eine Einladung zu ihrem 40. Geburtstag in der Gemeindehalle. Es werden ca. 80 Personen erscheinen, die Halle ist klein und es wird daher sehr gedrängt sein. Sie denken sofort: „Mein Gott, so viele Leute! Alles wird so eng sein! Ob das wohl gut geht?" Bei diesen Gedanken spüren Sie bereits ein leises Unbehagen und erste Ansätze Ihrer Symptomatik. Sie sagen Ihrer Bekannten mit der Bemerkung ab: „Vielen Dank für deine Einladung, aber wir haben dieses Wochenende schon seit langem verplant . Wir müssen zur Großtante meines Mannes, die wird 75 Jahre alt."

Sie merken, daß jede Komponente auslösend sein kann und sich die einzelnen Komponenten gegenseitig beeinflussen und aufschaukeln können: Je mehr Sie überzeugt sind, daß Ihnen körperlich etwas Schlimmes widerfährt, desto mehr beobachten Sie sich und desto stärker erleben Sie die Symptomatik. In Folge davon nimmt Ihre Vermeidungstendenz zu. Je stärker nun andersherum die körperliche Symptomatik ist, desto mehr fühlen Sie sich in Ihrer Meinung bestärkt, daß Sie doch ernsthaft gefährdet sind. In diesem Moment sind Sie im **Teufelskreis der Angst.**

Doch wie kommen Sie dort wieder heraus?

Sie haben bisher schon eine ganze Menge über Ängste erfahren, über einzelne Faktoren und Funktionsweisen. Es ist wichtig zu **verstehen**, wie das Angstsystem funktioniert und warum die Dinge so ablaufen, wie sie es nun einmal tun. Denn nur so haben Sie die Möglichkeiten mit Ihren Ängsten umzugehen und falsch gelernte Umgangsmuster zu berichtigen bzw. noch nicht vorhandene Strategien neu einzuführen. Es handelt sich hierbei wie unschwer zu erkennen ist, um einen **Lernprozeß**. Sie lernen die Angst zu bewältigen. Ihre Angst ist nicht gottgegeben.

Sie kommen aus dem Teufelskreis der Angst genauso wieder heraus, wie Sie hineingekommen sind. Genauso wie die einzelnen Angstfaktoren im Zusammenspiel die Angst entstehen lassen und intensivieren, ebenso sind es diese Faktoren, die dem entgegenwirken können. Nachfolgend werden ich Ihnen Möglichkeiten aufzeigen, wie Sie angemessen die einzelnen Angstkomponenten beeinflussen können.

Strategien im Umgang mit physiologisch-körperlichen Reaktionen

Normalerweise sind die beiden Anteile des vegetativen Nervensystems, der Sympathikus und der Parasympathikus, in einem physiologischen Gleichgewicht. In Angst- und Spannungssituationen jedoch ist der Sympathikus vornehmlich angeregt und stellt dem Organismus Energien zur Verfügung, die dieser jedoch unzureichend verbraucht. Dies führt zu einem Ungleichgewicht zwischen Sympathikus und Parasympathikus in dem Sinne, daß die Diskrepanz zwischen den beiden vegetativen Anteilen so groß ist, daß die innere Balance verloren geht.

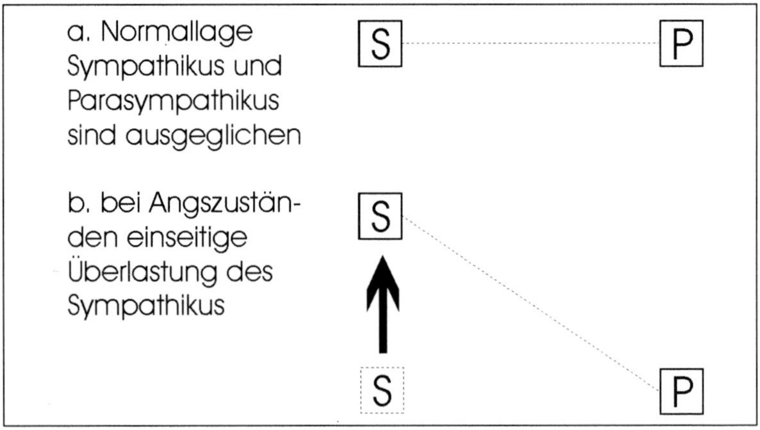

Abb. 7: Die Beziehung zwischen Sympathikus (S) und Parasympathikus (P) unter

a. normalen Voraussetzungen
b. bei Angstzuständen

Wenn es uns nun gelingt, diese überschüssige Energie zu reduzieren oder abzubauen, kommen wir dieser inneren Balance wieder näher. Eine Möglichkeit des Energieabbaus besteht in **körperlicher Aktivität**. Durch körperliche Aktivität und Anstrengung wird die Energie verbraucht, die uns unser Körper zur Verfügung stellt. Ein Nachlassen der Anspannung tritt ein, die Angst nimmt ab. Machen Sie daher bei starker Anspannung einen langen Spaziergang, graben Sie den Garten um, fahren Sie Fahrrad, joggen Sie. Nach einem längeren Dauerlauf geht es Ihnen besser, die Spannungen nehmen ab. Betätigen Sie sich körperlich, auch wenn Sie das Gefühl in diesen Momenten haben, daß Sie weitere Anstrengungen nicht aushalten können. Dies ist falsch, der umgekehrte Weg ist richtig.

In den genannten Beispielen haben Sie, um den vegetativen Ausgleich wieder herzustellen, die überschüssigen Energien des Sympathikus abgebaut. Der umgekehrte Weg ist jedoch auch möglich, nämlich den Parasympathikus zu stabilisieren. Dies kön-

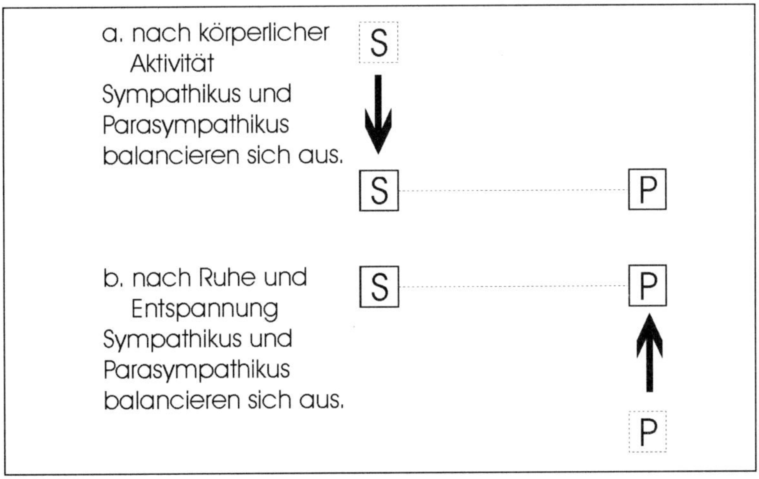

Abb. 8: Die Beziehung zwischen Sympathikus (S) und Parasympathikus (P) nach
a. körperlicher Aktivität
b. Ruhe und Entspannung

nen Sie durch **Ruhe** und über regelmäßige **Entspannung** erreichen. Regelmäßig durchgeführtes Entspannungstraining stabilisiert den Parasympathikus und führt dazu, daß Sie Ihr inneres Gleichgewicht wieder erzielen. Es ist für Angstbetroffene im Grunde die „halbe Miete“ zur Bewältigung. Darüber hinaus ist die Durchführung von Entspannungstrainings recht preisgünstig, sehr ökonomisch und relativ zeitneutral. Kostenpunkt: eigenes Bemühen und Selbstdisziplin.

Im Anhang wird Ihnen ausführlich ein Entspannungsverfahren näher dargestellt: das Muskelentspannungstraining nach Jacobson (Progressive Muskelrelaxation). Auf die weitere Darstellung dieses Verfahrens wird daher an dieser Stelle verzichtet. Merken Sie sich bis jetzt jedoch schon soviel: für den Betroffenen ist die regelmäßige Durchführung eines Entspannungstrainings **unverzichtbar**.

Als Möglichkeit der Entspannung möchte ich Ihnen bereits jetzt eine Form der **Kurzentspannung** zeigen. Kurzentspannung meint, aktuell auftretende Spannungsreaktionen für einen gewissen Zeitraum reduzieren zu können.

Dies geschieht, indem Sie verstärkt einatmen und die Luft in den Bauch fließen lassen. Atmen Sie verlängert aus, damit das Zuviel an Sauerstoff in Ihrem Körper ausgeatmet werden kann. Der Zeitraum der Ausatmung sollte länger sein, als der der Einatmung (zählen Sie beispielsweise bei der Ausatmung von 1- 7, um ein Zeitgefühl für die Dauer der Ausatmung zu bekommen). Wiederholen Sie diese Übung für ca. 60- 90 Sekunden (6- 10 Atemzüge). In der Regel nimmt das Spannungsgefühl ab. Sie können die Kurzentspannung dann später noch einmal durchführen.

Sollte es Probleme beim Einatmen geben, so versuchen Sie nicht mit Gewalt die Luft einzuführen, denn das würde die vorhandene Anspannung nur noch verstärken. Versuchen Sie besser zunächst die Ruhe zu bewahren und in kleinen, sich steigernden Atemzügen, das Einatmungsvolumen zu erhöhen. Behalten Sie dabei die Geduld.

Sollten Sie Probleme damit haben in den Bauch zu atmen, dann schlage ich Ihnen folgende Übung vor:

Legen Sie sich ruhig hin und legen Sie eine Hand auf die Brust, die andere auf den Bauch. Wenn sich bei der Einatmung die Hand auf Ihrer Brust hebt, so ist die Atmung zu flach. Versuchen Sie dann tiefer in den Bauch zu atmen, so daß sich das Zwerchfell nach unten drückt und der Bauchraum entspannt und gelockert wird.

Wenn sich die Hand, die auf dem Bauch liegt, leicht nach oben bewegt, dann atmen Sie richtig. Sollte dies nicht sofort gelingen, können Sie die Ein- und Ausatmung durch Mitbewegen der Hand unterstützen: Heben Sie bei der Einatmung die Hand langsam vom Bauch. Bei der Ausatmung drücken Sie umkehrt die Hand langsam auf den Bauch. Sie geben dadurch Ihrer Atmung eine Richtung vor. Ihre Atmung wird sich dann nach einiger Zeit des konzentrierten Übens dieser Richtung anpassen.

Ergänzend möchte ich in diesem Zusammenhang auf Mittel hinweisen, die das Vegetativen beeinflussen. Denken Sie z.B. an **Koffein und Nikotin**. Beide Substanzen beeinflussen den Sympathikus, wobei diese zunächst erregend, dann jedoch lähmend auf die autonomen Übergangsleiter der Nerven wirken.

Koffein und Nikotin verstärken die Angst. Ebenso wirkt **Coca-Cola** anregend. Zusätzlich treten in Folge der Erregung natürlich Reaktionsmuster auf, die sich auch bei der Angst zeigen. Sehr häufig werden diese Reaktionen dann nicht als durch Koffein- oder Nikotin provozierte wahrgenommen, sondern als beginnender Angstzustand fehlinterpretiert mit der Konsequenz, daß durch dieses Denken die Symptomatik verstärkt wird und diese sich dann tatsächlich zu einem Angstzustand entwickeln kann. Reduzieren Sie deshalb diese Substanzen auf ein Minimum und machen Sie sich ihre Wirkung deutlich.

Im Gegensatz dazu führt **verstärktes Essen** zur Erregung des Parasympathikus, d.h. Sie werden ruhiger. Denken Sie beispielsweise daran, daß im Flugzeug von netten attraktiven Stewardessen und Stewards Essen gereicht wird mit dem Ziel, die Fluggäste zu beruhigen und Ängste abzubauen. Allerdings sollten Sie nicht aus therapeutischen Gründen anfangen zu essen, um Ihre Ängste abzubauen. Denken Sie an die Folgen. Das wäre dann so, als wollten Sie den Teufel mit dem Beelzebub austreiben.

Darüber hinaus gibt es Medikamente, die auf den Sympathikus oder den Parasympathikus wirken. Fragen Sie ggf. Ihren Arzt, damit Ihnen die Wirkungsweise dieser Medikamente in Bezug auf die Angst deutlich wird und Sie bestimmte körperliche Reaktionen angemessen einordnen können.

Strategien im Umgang mit der Wahrnehmung

Die zweite Komponente im Rahmen unseres Angstmodells ist die Wahrnehmung. Durch Aufmerksamkeitszuwendung und Konzentration auf die körperliche Reaktion nehmen Sie diese wahr und geben eine entsprechende Meldung weiter an die Zentrale, unserem Gehirn, das die Informationen weiterverarbeitet. Besonders in belastenden Situationen verstärkt sich die Wahrnehmung auf die körperliche Reaktion: Sie wollen genau wissen, was körperlich passiert, um mögliche Gefahren frühzeitig zu erkennen und alternative Umgangsweisen zu entwickeln. Ein derartiges Vorgehen wäre dann sinnvoll, wenn eine **tatsächliche** Gefahr bestehen würde. Dies ist jedoch nicht der Fall, da Sie organisch gesund sind. Eine Beobachtung Ihrer körperlichen Prozesse ist daher nicht notwendig. Vielmehr verstärken Sie die Anspannungen. Ihr Körper kommt im Grunde ohne Ihr Zutun viel besser zurecht, denn er weiß, was er tun muß, um wieder zur vegetativen Ausgeglichenheit zu kommen. Daher heißt die Devise: richten Sie Ihre Aufmerksamkeit vom Körper weg, konzentrieren Sie sich auf externe Dinge, lenken Sie sich ab.

Dies können Sie natürlich um so effektiver umsetzen, je stärker die Ablenkungsreize sind. Diese sind dann stärker, wenn eine andere Person da ist, mit der Sie sich beispielsweise unterhalten oder mit der Sie etwas zusammen unternehmen können. In diesem Moment gelingt es Ihnen besser Ihre Aufmerksamkeit vom Körper weg auf Ihr Gegenüber zu richten.

Weitere Reize, die Ihre Aufmerksamkeit binden können, sind z.B. Fernsehen, Radio- und Musikhören, Kältereize (beispielsweise kalt duschen), Beobachtungen anderer Menschen oder Geschehnisse (beispielsweise Spaziergang durch die Stadt) oder Telefonieren. Hierbei handelt es sich um komplexe und/ oder stark wirkende Reize bzw. Reizmuster. Je mehr Wahrnehmungsmodalitäten Sie einbinden, desto größer wird der Grad Ihrer Ablenkung sein.

Weniger effektiv erweisen sich Ablenkungsreize mit minderer Intensität, wie z.B. lesen. Der Grund hierfür ist leicht ersichtlich: beim Lesen müssen Sie sich auf das Geschriebene konzentrieren. Ihre Aufmerksamkeitsausrichtung ist jedoch primär auf die Beobachtung Ihres Körpers und seiner Vorgänge fixiert, so daß Ihr Konzentrationsvermögen insgesamt reduziert ist und eine Aufmerksamkeitsausrichtung auf das Gelesene nur schwer möglich ist, vor allem dann, wenn die vegetative Anspannung sehr hoch ist.

Von daher gesehen sind Kombinationen, wie Spaziergang + Unterhaltung sehr effektiv, da Sie einerseits durch die körperliche Betätigung Spannungen abbauen und Sie gleichzeitig durch die Unterhaltung abgelenkt werden.

Strategien im Umgang mit unseren Gedanken

Und nun kommen wir zum wichtigsten Baustein unseres Angstmodells, nämlich den Gedanken. Während den bisher genannten Komponenten eher eine mediative Funktion zukommt, bildet Ihr Denken, Ihre Einstellung, den zentralen Faktor. Angst erleben Sie **erst dann**, wenn Sie eine Situation als bedrohlich oder gefährlich interpretieren. Nicht die Tatsache, daß Ihnen ein Hund mit fletschenden Zähnen gegenübersteht, führt automatisch zu einer Angstreaktion, sondern Ihre Interpretation und Einordnung dieser Situation. Erst wenn Sie denken: „Der Hund wird mich gleich anfallen, und das wäre schrecklich!“ erleben Sie Angst. Manch anderer denkt möglicherweise anders über eine derartige Situation und sagt sich: „Komm nur her! Mit dir werde ich schon noch fertig!" und erlebt keine Angst, sondern einen Anspannungsgrad, der es ihm ermöglichen wird einen effektiven Umgang mit dieser Situation zu gewähren.

Die Gedanken und Einstellungen, die wir Menschen haben, sind uns durch unsere Bezugspersonen, meistens sind es die Eltern, beigebracht worden. Wir haben ihre Einstellungsmuster, die sie dem Leben gegenüber entwickelt haben, übernommen und verinnerlicht. Da wir tagtäglich mit unseren Eltern zusammen gewesen sind, fand auch eine regelmäßige Beeinflussung durch diese statt, so daß wir im Endeffekt ihre Gedanken und Meinungen übernommen haben und nun selbst so denken wie diese.

Dieser Prozeß verläuft unbewußt ab und wir übernehmen automatisch die Einstellungen aus unserem Umfeld. Wir stellen sie in der Regel nicht in Frage, sondern übernehmen sie als richtig. Dies ist von der Evolution her gesehen auch gut gemeint, da das Kind von den Erfahrungen der Eltern profitieren soll, um selbst lebensfähig zu werden. Allerdings übernehmen wir neben den förderlichen Einstellungen unserer Eltern, auch deren nicht-förderliche Einstellungen, was die Kehrseite der Medaille darstellt.

„Paß bloß auf, daß du dich nicht dreckig machst!", „Benimm dich, was sollen sonst die anderen von uns denken!", „Stell dich nicht so dumm an, das solltest du in deinem Alter bereits besser können müssen!" - dies sind nur einige Beispiele, die Ihnen deutlich machen sollen, welchen negativen Einfluß diese frühen Sätze unserer Eltern und unseres Umfeldes auf unsere Angstbereitschaft und unser Selbstbild ausgeübt haben und noch ausüben. Selbst heute im Erwachsenenalter wirken diese internalisierten Sätze in uns weiter.

Der Beeinflussung, der wir Menschen ausgesetzt sind, können wir nur sehr schwer entkommen. Nicht nur, daß unser soziales

Umfeld regelmäßig einstellungsmäßigen Einfluß auf uns nimmt, sondern vor allem auch ständige Manipulationsversuche durch Medien, Werbung, Wahlkampagnen und sonstigen an uns interessierten Verbänden und Vereinigungen führen zur permanenten Indoktrination. Oft ist uns gar nicht bewußt, daß das Produkt, das wir heute gekauft haben, von uns gestern noch in der Fernsehwerbung gesehen wurde, oder daß die Meinung, die wir vertreten, eigentlich nicht unsere ist, sondern uns durch die politische Ausrichtung der Artikel unserer Tageszeitung eingeimpft wurde. Diese Manipulationsversuche verlaufen sehr dezent und erfordern, will man mit ihnen umgehen können, permanente Aufmerksamkeit und kritische Distanz.

Dem Zusammenhang zwischen unserem Denken und unserem Fühlen kommt ein zentraler Aspekt in der Angsttherapie zu. Daher möchte ich Ihnen zur weiteren Verdeutlichung ein Modell vorstellen, daß der amerikanische Psychologe Dr. Albert Ellis entwickelt hat: die Rational-Emotive-Verhaltenstherapie.

Exkurs:
Die Rational-Emotive-Verhaltenstherapie (REVT) von Albert Ellis

Der amerikanische Psychologe Dr. Albert Ellis entwickelte in den 50er und 60er Jahren die Rational-Emotive-Therapie (RET), die er später in Erweiterung mit verhaltenstherapeutischen Verfahren Rational- Emotive-Verhaltenstherapie (REVT) nannte. Ellis selbst war ausgebildeter Psychoanalytiker und praktizierte ebenfalls jahrelang als Analytiker. Unzufrieden mit den Ergebnissen seiner Arbeit, wandte er sich von der Analyse ab und entwickelte die REVT. Ellis stellte fest, daß viele psychische Probleme schneller und dabei auch effektiver gelöst werden konnten, als unbedingt durch jahrelange Analyse.

Der Vergangenheit eines Menschen kam nur noch insofern Bedeutung zu, als damit die möglichen Ursächlichkeiten und die Entwicklung seiner aktuellen Probleme erklärt werden konnten. Das Hauptaugenmerk der Therapie wurde jedoch auf die aktuelle Situation gelenkt, auf die Gegenwart, und hierbei vor allem auf die kognitiven, d.h. gedanklichen, Prozesse und deren Modifikation. Die Hauptaussage der REVT besteht darin, daß nicht die Situation an sich zu einem bestimmten Gefühl führt, sondern das Denken über diese Situation. Mit einem Satz: **Wir fühlen, wie wir denken.**

Ellis entwickelte die ABC-Theorie, wobei A für Situation steht (activating event), B für Gedanken, Einstellungen (beliefs) und C für Gefühle, Verhalten und physiologische Reaktionen (consequences). C wird nicht durch A bedingt, sondern durch B. Unser Denken beeinflußt unsere Gefühle und nicht die Situation an sich. Da jedoch unser Körper keine Instanz hat, die ihm die Angemessenheit unseres Denkens angibt, geht er davon aus, daß alles was wir denken, auch richtig ist. Unser Körper reagiert daher immer gleich, ganz egal, ob unser Denken richtig oder falsch ist, mit der Realität übereinstimmt oder nur angenommen ist.

Die Instanz, die unsere Gedanken und Interpretationen der Situation beurteilen kann, ist unser Bewußtsein. Ellis hat diesen Aspekt als D (disputation) bezeichnet. D meint das Hinterfragen unseres Denkens: Ist das, was ich denke, richtig? Sind meine Gedanken an der Realität orientiert oder bilde ich mir nur etwas ein? Wo ist der Beweis für meine Annahmen? Hilft mir mein Denken, mit meiner Situation besser umzugehen und meine Ziele zu erreichen? Die Beantwortung des D führt zu angemessenen Interpretationen der vorhandenen Situationen und damit zu einem angemessenen Effekt (E), d.h. meine Gefühle und meine physiologischen Reaktionen sowie mein Verhalten sind der Situation dann angemessen.

Um Sie nicht zu lange mit der Theorie zu strapazieren, möchte ich auch gleich an dieser Stelle mit unserem kleinen Exkurs aufhören und Ihnen die Anwendung des Geschilderten auf die Angstproblematik zeigen:

Situation (A)	Gedanken (B)	Gefühl (C)
Sie befinden sich in der Schlange vor der Kasse eines Kaufhauses und bekommen einen Panikzustand.	„Oh Gott, hoffentlich wird das nicht schlimmer!" (Satz 1) „Wenn das so weiter geht, dann kippe ich gleich um oder bekomme einen Herzinfarkt!" (Satz 2)	Angst, Panik

Disputation (D)	Effekt (E)
Zu Satz 1: Ist das wirklich so schlimm, daß ich es absolut nicht mehr aushalten kann? Es ist zwar ein sehr unangenehmes Gefühl, das ich habe, und ich erlebe die Situation als bedrohlich, aber so schlimm, daß ich es absolut nicht mehr aushalten kann, ist die Situation nicht. Zu Satz 2: Wo ist der Beweis, das ich umfalle oder einen Herzinfarkt bekomme? Ist mir das bereits schon einmal passiert? Weder das eine noch das andere ist bisher eingetreten, aber das schließt jedoch nicht aus, daß es dennoch eintreten kann. Allerdings ist die Wahrscheinlichkeit, daß das aufgrund der Panik passiert, gegen Null gehend, denn: Ich habe mich ärztlicherseits ausreichend und wiederholt untersuchen lassen, mein organischer Befund ist in Ordnung, auch das EKG zeigte keine Auffälligkeiten. Dies spricht dafür, daß ich jetzt keinen Herzinfarkt bekommen kann. Zudem habe ich wiederholt Panikzustände gehabt. Wäre ich infarktgefährdet, so hätte ich diesen längst schon bekommen. Der Herzinfarkt kündigt sich nicht über Jahre an, bevor er dann auftritt. Auch bin ich bisher nicht umgefallen. Dies geht auch schon aus physiologischen Gründen nicht, denn dann müßte mein Kopf weniger durchblutet sein. Das Gegenteil ist jedoch der Fall, ich bin höchst angespannt.	reduziertes Spannungsgefühl, Abnahme der Angst und Panik

Ich hoffe, das Prinzip ist Ihnen deutlich geworden. Statt sich den immer wiederkehrenden negativen Gedanken hinzugeben und diese als richtig anzunehmen, mit der Konsequenz, daß unser Körper auch negativ im Sinne einer Zunahme des Spannungsgefühls reagiert, hinterfragen wir diese Gedanken und überprüfen ihre Richtigkeit. In diesem Fall waren die Gedanken nicht an der Realität orientiert und führten von daher auch zu extremen negativen Gefühlen, nämlich zur Verstärkung der Angst und Spannung. Die Herbeiführung des Realitätsbezuges (Stimmt das, was ich denke? Wo ist der Beweis für meine Annahme?) führt zu angemessenen Reaktionen, in diesem Fall zu einer Abnahme der Spannung.

Diese Reaktion tritt natürlich nicht postwendend ein. **Unser Körper und unsere Gefühle funktionieren nicht wie eine Maschine**, bei der man den Hebel herumdreht, und alles wird plötzlich ganz anders. Vielmehr stehen die Gedanken und Gefühle in einem Zusammenhang, wobei sich unser Gefühl erst allmählich unserem Denken anpaßt. Dies ist ein ganz normaler Prozeß. Zunächst haben wir das Gefühl, daß irgend etwas nicht stimmt, obwohl unsere Gedanken an der Realität orientiert sind.

Stellen Sie sich vor, Sie würden seit Jahren immer den gleichen Weg zur Arbeit fahren: tagein-tagaus, jahrein-jahraus - immer der gleiche Weg. Sie kennen ihn in- und auswendig. Ihr Verstand und Ihr Gefühl wären deckungsgleich, d.h. Ihr Gefühl weiß, wie Ihr Verstand, daß der Weg, den Sie täglich fahren, der richtige ist.

Wenn Sie nun plötzlich einen anderen Weg wählen müssen, weil beispielsweise eine Baustelle Ihren alten Weg behindert, so kommt Ihnen das zunächst komisch vor. Sie haben das Gefühl, daß dieser Weg nicht der richtige ist, obwohl es objektiv so ist. Fahren Sie jedoch diesen neuen Weg über einen längeren Zeitraum, so paßt sich Ihr Gefühl den objektiven Gegebenheiten mit der Zeit an. Ihr Verstand und Ihr Gefühl sind wieder deckungsgleich.

Auch in Bezug zu den Angstzuständen verhält es sich so. Wenn Sie sich konsequent deutlich machen, daß Ihre Zustände zwar unangenehm, aber nicht lebensbedrohlich sind und Sie auch in der Lage sind diese auszuhalten, so werden diese Zustände immer weniger werden. Auch wenn Sie zunächst das Gefühl haben sollten, daß zwar Ihr Denken richtig ist, die Angst aber trotzdem noch da ist, so ist dies normal. Die Übereinstimmung zwischen Denken und Fühlen, Kopf und Bauch, braucht noch einige Zeit. Sie sind jedoch auf dem richtigen Weg und sollten Ihre Realitätsorientierung auf jeden Fall beibehalten.

Ihre Orientierung an der Realität können Sie jedoch nur über den Verstand erzielen. Nur einer von beiden hat recht, entweder Ihr Verstand oder Ihr Gefühl, beide können nicht recht haben. Und es ist so, daß Ihr Verstand recht hat und Sie das unangenehme Gefühl in Kauf nehmen müssen, wenn Sie die Ängste verlieren wollen.

Zusammenfassung

Um aus dem Teufelskreis der Angst zu kommen, müssen Sie an den einzelnen Komponenten ansetzen, aus denen sich der Teufelskreis zusammensetzt:

- Aktivieren Sie sich körperlich, wie z.B. regelmäßig Sport, Bewegung oder Gartenarbeit. Bei sehr starker Anspannung sollten Sie sich körperlich betätigen, auch wenn Ihr Gefühl Ihnen suggerieren sollte, besser in eine „Schonhaltung" zu gehen.
- Reduzieren Sie anregende Mittel wie Koffein, Coca-Cola oder Nikotin.
- Entspannen Sie sich regelmäßig, d.h. möglichst täglich.
- Lenken Sie sich ab und richten Sie ihre Aufmerksamkeit vom Körper weg. Ihr Körper weiß selbst am besten, was für ihn gut ist und was nicht.
- Strukturieren Sie Ihre Gedanken um und richten Sie diese nach der Realität. Entwickeln Sie eine der Situation angemessene Einstellung.

Es gibt keine einzelne Technik, die allein ausreicht, um die Angst zu kompensieren. Benutzen Sie zur Angstbewältigung alle Komponenten gleichzeitig, um so höher ist Ihre Erfolgsaussicht. Nicht alle genannten Strategien wirken bei jedem Betroffenen. Sie werden feststellen, daß Ihnen die eine besser liegt als die andere.

Ein Bewältigungsprogramm der Angst

Jetzt wird es konkret. Nachdem Sie bisher viele Informationen über die Angst, ihre Entstehung und Faktoren ihrer Aufrechterhaltung bekommen haben, über effektive und ineffektive Strategien informiert wurden und auch den Teufelskreis der Angst kennengelernt haben, so werden wir nun versuchen ein umsetzbares Angstbewältigungsprogramm zu entwickeln. Der Begriff „Programm" mag Ihnen zunächst etwas technisch klingen; es meint jedoch nicht mehr, als daß nicht nur eine Strategie vorgestellt wird, sondern eine Vielzahl von potentiell wirkungsvollen Bewältigungsmöglichkeiten, die sinnvoll aufeinander abgestimmt werden.

Sie erfahren hierbei nichts über die Zauberformel, die es Ihnen ermöglicht die Angst erst gar nicht aufkommen zu lassen. Auch die Lösung nach der Wunderpille verrate ich Ihnen nicht. Und selbst der Trick, daß Sie bei Vollmond um Mitternacht mit gekreuzten Fingern hinter dem Rücken auf dem örtlichen Friedhof stehen müssen, um leise vornübergeneigt vor sich hin zu murmeln: „Angst, entweiche von mir!", ist Ihnen sicher schon bekannt und als ineffektiv verworfen worden.

Nein, es geht nicht um solche Dinge, die sich zwar einfach anhören und eine elegante Lösung versprechen. Es geht vielmehr um Arbeit, um harte Arbeit, die ich Ihnen abverlangen muß. Sie müssen sich bemühen und anstrengen, selbstdisziplinieren und durch unangenehme Situationen gehen. Sie kämpfen gegen sich selbst, und das ist möglicherweise der härteste Kampf, den Sie bisher in Ihrem Leben ausgefochten haben. Ich werde Ihnen zur Seite stehen und Ihnen dabei helfen. Der Gewinn, der für Sie herausspringt, nämlich die Angst zu kontrollieren, sollte all diese Anstrengungen wert sein. **Sie tun es für sich selbst.**

Bevor Sie mit Ihrem Angstbewältigungsprogramm beginnen, sollten Sie sich zunächst einmal medizinisch untersuchen lassen, um sicher zu gehen, daß Ihre vegetativen Beschwerden nicht möglicherweise durch eine Organbeeinträchtigung hervorgerufen werden, was bei einigen Erkrankungen, z.B. Lebererkrankungen oder hormonelle Störungen, möglich sein kann. Klären Sie dies bitte zunächst ärztlicherseits ab, wenn Sie es nicht bereits sowieso schon getan haben.

Der nächste und damit auch sehr wichtige Schritt in Richtung Angstbewältigung ist der, daß Sie **sich eingestehen** müssen unter Ängsten zu leiden. - „Ja, so ist es. Ich habe Ängste!"

Dies mag für manche makaber und irritierend klingen. Aber anderen wird es schwer fallen dies zuzugeben. Vor allem denjenigen unter Ihnen, die bisher tunlichst versucht haben, ihre Ängste zu vertuschen, damit niemand anderes es mitbekommen soll. Die Umwelt sollte Sie weiterhin als stark und durchsetzungsfähig ansehen. Nehmen Sie sich diesen Druck, denn er verstärkt im Grunde nur das, was Sie zu verbergen versuchen und hilft Ihnen nicht dabei eine angemessene Lösung zu entwickeln. Es verlangt mehr Stärke, seine Schwächen zuzugeben, als zu versuchen, diese zu verbergen. Es spräche für Ihr Selbstbewußtsein.

Sie sollen natürlich nicht überall herum erzählen: „Wissen Sie schon, ich leide unter Angstzuständen!" Das ist damit nicht gemeint. Dies würde mitunter auch eher den Eindruck erwecken, daß Sie damit eine gewisse Schicklichkeit verbunden sehen wollen. Nein, Sie sollen einfach dazu stehen: bei Ihrer Familie, Freunden, Bekannten oder auch Arbeitskollegen. Es ist nichts Schlimmes dabei, unter Angstzuständen zu leiden.

Machen Sie dabei so eine Art Bestandsaufnahme: Wie ist der derzeitige Stand meiner Ängste? In welchen Situationen treten Sie auf? Wo vermeide ich grundsätzlich? Wo je nach Tagesform?

Notieren Sie sich dies alles in einem **Angsttagebuch**, das ich Ihnen empfehlen möchte sich anzulegen. Dies kann ein Oktavheft oder anderes Heft sein, in dem Sie ab jetzt täglich Ihre Beobachtungen schreiben sollen. Fangen Sie jedoch zuerst mit dem Status Quo an, d.h. mit den aktuell vorhandenen Ängsten.

Als nächstes wäre es wichtig diese Ängste näher kennenzulernen. Sie haben bisher eine eher abwehrende Beziehung zu Ihren Ängsten entwickelt, haben diese abgelehnt und waren dabei jedesmal erleichtert, wenn diese nicht aufgetreten waren. Dadurch haben Sie keinen Bezug zu diesen herstellen können, was sehr wichtig ist. Nur das, was ich kenne, kann ich verändern. Dinge, die ich nicht kenne, bleiben mir unbekannt, fremd, nicht angehbar, machen Angst.

Daher schreiben Sie in Ihr Angsttagebuch täglich Ihre **Angstbeobachtungen** auf: Wann tritt die Angst auf? In welcher Situation? Wie stark ist sie? Welche Körperreaktion erlebe ich dabei? Welche Gedanken gehen mir durch den Kopf? Wie verhalte ich mich?

Nehmen Sie die Rolle eines Außenstehenden ein, eines Wissenschaftlers, der ein bestimmtes Phänomen beobachtet, um bestimmte Informationen zu bekommen. **Trennen** Sie Ihre Beschwerden und Ihr Bewußtsein voneinander. Es sind zwei unterschiedliche Faktoren, die zwar miteinander in Beziehung stehen, aber keine unumstößliche Einheit bilden.

Eine tägliche Angstbeobachtung kann beispielsweise so aussehen:

Tag	Uhrzeit	Situation	Ausprägung	Körperreaktion	Gedanken	Verhalten
Montag, der 05.05.	8.30	Autofahrt zur Arbeit	7	Herzrasen, Schwindel, feuchte Hände	Hoffentlich hört die Symptomatik bald auf! Ich halte *es* nicht mehr aus!	drehe das Fenster auf, stelle das Radio lauter
	15.30	im Geschäft XY	5	Anspannung, Kribbeln in der Schläfen-gegend	Hoffentlich wird es nicht noch schlimmer! Ich will schnell alles erledigen	haste durch die Gänge und packe schnell alle Waren in den Einkaufskorb
Mittwoch, der 07.05.	21.00	Spaziergang allein mit dem Hund um die Ecke	4	Herzrasen, leichtes Ziehen im linken Arm	Warum bekomme ich dies bloß schon wieder?	beeile mich, um nach nach Hause zu kommen; kürze die Runde ab

usf.

Die Angstausprägung kann auf einer Skala von 0-10 eingeschätzt werden, wobei die niedrigere Zahl auch gleichzeitig die geringere Angstausprägung darstellt. 0 wäre somit keine Angst, 10 würde maximale Angst bedeuten.

Beobachten Sie sich jeden Tag, d.h. an sieben Tagen der Woche, und führen Sie regelmäßig Protokoll. Günstig ist es, das Angsttagebuch immer bei sich zu haben, damit Sie auf der Stelle Ihre Beobachtungen notieren können. Achten Sie dabei genau auf die Faktoren, die Sie beobachten sollen und halten Sie diese in Ihrem Heft fest. Wir brauchen diese Informationen, um weiter damit arbeiten zu können.

Nachdem Sie Ihre Ängste beobachtet und notiert haben, diese Ihnen somit noch deutlicher geworden sind, schlage ich Ihnen vor, diese in einer **Hierarchie** nach Schwierigkeit zu ordnen. Beginnen Sie zunächst mit den Situationen bei denen die geringste Angst aufkommt bis hin zu den Situationen, in denen die Angst für Sie am stärksten ist.

Eine typische Hierarchie der Ängste könnte wie folgt aussehen:

01. allein 100m von der Wohnung entfernen
02. allein in den Bäckerladen in der Nachbarschaft gehen und einkaufen
03. allein zum Postkasten gehen (250m weit von der Wohnung entfernt)
04. mit meinem Partner oder einer anderen bekannten Person den Nachbarn besuchen
05. mit einer anderen Person im PKW in die Stadt fahren
06. allein zum Supermarkt gehen (500m entfernt)
07. mit einer anderen Person in den Supermarkt gehen und einkaufen
08. allein den Nachbarn besuchen
09. allein in die Stadt gehen (800m Entfernung)
10. allein mit dem PKW in die Stadt fahren
11. allein den Bus benutzen, um in die Stadt zu kommen
12. mit einer anderen Person ins Theater gehen (Platz außen)
13. mit einer anderen Person in die Kirche gehen (Platz hinten)
14. allein in den Supermarkt gehen und einkaufen
15. allein zur Post gehen (1Km entfernt)
16. mit einer anderen Person im Theater in der Mitte sitzen
17. mit einer anderen Person in der Kirche in der Mitte sitzen
18. allein mit dem Auto zu meiner Bekannten fahren (8 Km entfernt)
19. allein im Theater in der Mitte sitzen
20. allein in der Kirche in der Mitte sitzen

Notieren Sie diese Hierarchie in Ihrem Angsttagebuch und seien Sie offen für mögliche Veränderungen, die sich im Laufe des Bewältigungstrainings ergeben könnten.

Vorläufige Zusammenfassung

Fassen wir an dieser Stelle die bisherigen Schritte Ihrer Angstbewältigung noch einmal zusammen:

Also zunächst

- Ängste eingestehen, *dann*
- Angsttagebuch anlegen und Ängste notieren (die, die Sie kennen und die, die aktuell auftreten), *weiter*
- tägliche Angstbeobachtungen durchführen und in das Angsttagebuch eintragen, *und schließlich*
- Hierarchie der Ängste nach steigendem Schwierigkeitsgrad erstellen.

Im nächsten Schritt erfolgt die **Überprüfung der Richtigkeit Ihrer Gedanken** für jede Situation. Sie gehen im allgemeinen davon aus, daß das, was Sie denken, auch stimmt. Dies ist normal und macht im Prinzip jeder Mensch so. Erst dann, wenn Leidensdruck aufkommt oder die Dinge nicht so funktionieren, wie man es gerne hätte, beginnt man nachzudenken. Dieses Nachdenken erfolgt in unserer Angstbewältigung durch die ABC Analyse, die Sie bereits kennengelernt haben.
Wir wollen dies noch einmal an einem Beispiel zusammen üben und nehmen dazu die Angstbeobachtung von Montag, den 05.05.:

A (Situation):	Angstzustand im Auto auf dem Weg zur Arbeit
B (Gedanken):	Hoffentlich hört die Symptomatik bald auf! Ich halte es nicht mehr aus!
C (Gefühle):	Angst/ Panik einhergehend mit Herzrasen, Schwindel und feuchten Händen; verhaltensmäßige Ablenkungsversuche
D (Disputation):	

Frage: Stimmt das, was ich denke, daß ich die Symptomatik nicht mehr aushalte? Wo ist der Beweis dafür, daß ich die Symptomatik nicht mehr aushalte?

Antwort: Nein, es stimmt nicht, daß ich die Symptomatik nicht mehr aushalte, denn ich halte sie ja im Moment aus. Ich habe zwar das Gefühl, es nicht mehr aushalten zu können, aber ich bin im Grunde doch dazu in der Lage. (Weitere realitätsbezogene förderliche Gedanken:) Ich sollte meine Bereitschaft steigern die Anspannung mitzumachen und mich weniger mit meinen Körperreaktionen beschäftigen, die nichts weiter sind als Ausdruck der Angst. Und dies kann ich aushalten, denn ich habe es ja bereits auch in der Vergangenheit häufiger geschafft. (verhaltensbezogene Konsequenz:) Ich werde jetzt versuchen die Anspannung zu reduzieren, indem ich mehrmals tief einatme und dann verlängert ausatme. Diese Form der Kurzentspannung hilft mir. Ich bleibe deshalb ruhig und atme tief ein und dann ganz lang wieder aus. (Motivation:) Ich werde diesen Angstzustand bewältigen. Ich bin stärker als die Angst.

E (Effekt): Angst reduziert sich,
die Symptomatik läßt mit der Zeit nach

Die kognitive Einsicht, daß Sie wohl in der Lage sind die Ängste auszuhalten, schafft die Voraussetzung dazu, weitere konkrete Maßnahmen der Bewältigung umzusetzen. Beginnen Sie systematisch, sich mit den für Sie kritischen Situationen mit steigender Schwierigkeit zu konfrontieren. Machen Sie soviel, wie Sie schaffen. Ein Angstbewältigungstraining ist eine sehr anstrengende Angelegenheit, die sehr viel Energien kostet. Überfordern, aber unterfordern Sie sich auch nicht bei den Übungen. Machen Sie täglich **bewußt** mindestens eine Übung gegen die Angst und gehen Sie dann, wenn Sie eine Hierarchiestufe mindestens dreimal erfolgreich bewältigt haben, zur nächste Stufe über. Ziel ist es hierbei nicht, keine Angst mehr zu erleben, sondern die Angst auszuhalten und sich dieser zu stellen.

Neben der schrittweisen Angstkonfrontation, die ich Ihnen vorgestellt habe, gibt es auch die verhaltenstherapeutische Technik der „Reizüberflutung“. Bei diesem Verfahren stellen Sie sich gleich zu Beginn der stärksten Angstsituation und konfrontieren sich mit dieser so lange, bis die Angst **vollständig** zurück gegangen ist. Ist es Ihnen gelungen die schwierigste Situation zu bewältigen, so werden Sie mit den weniger kritischen Situationen einfacher umgehen können.

Die Konfrontation kann sich über Stunden hinziehen. Diese Methode ist sehr anstrengend und für die Psyche und den Organismus sehr belastend. Ich empfehle Ihnen jedoch, sollten Sie einen derartigen Schritt beabsichtigen, dies **nur** mit therapeutischer Begleitung zu tun, da das Risiko eines Abbruchs der Konfrontation bei alleiniger Durchführung extrem groß ist. Als Folge davon würde aller Wahrscheinlichkeit eine Symptomverschlimmerung eintreten und die Angst wieder zunehmen.

Wichtig ist es bei Ihren Angstübungen **in der Situation** zu bleiben und nicht zu vermeiden, denn nur so ermöglichen Sie es sich, daß die Ängste auch wieder nachlassen. Das Nachlassen der Angst kommt mit der Zeit von selbst aufgrund der Wirkungsweise des Habituationsprinzips. Gehen Sie jedoch aus der Situation heraus oder konfrontieren Sie sich nur unzureichend mit der Angst, so tritt zwar sehr schnell ein Nachlassen der Spannung ein, aber Sie haben nicht gelernt die Angst selbständig zu bewältigen. Wenn Sie dann später wieder in eine vergleichbare Situation kommen, tritt die Angst in der Regel noch schneller und heftiger auf als sonst und Sie fühlen sich noch weniger in der Lage diese Angst dann zu kompensieren. Die Gefahr, daß Sie wieder vermeiden und sich dann noch mehr im Teufelskreis der Angst verfangen, steigt.

Nutzen Sie während der Konfrontation **alle Möglichkeiten**, die Sie haben. Motivieren Sie sich gedanklich und feuern Sie sich an. Richten Sie Ihre Aufmerksamkeit vom Körper weg und konzentrieren Sie sich auf Faktoren der Umgebung. Je weniger Sie sich beobachten, um so eher kommt Ihr Körper wieder zur Ruhe. Ihr

Körper weiß von selbst am besten, wie er mit sich umgehen soll, das schafft er automatisch, dazu braucht er nicht Ihre Gedanken. Je stärker die Außenreize sind, die Sie aufsuchen, um so eher gelingt es Ihnen Ihre Aufmerksamkeit vom Körper weg zu ziehen.

Weitere Zusammenfassung

Abschließend für dieses Kapitel noch einmal zusammenfassend die letzten Schritte, nachdem Sie Ihre Angsthierarchie erstellt haben:

- Überprüfung der Richtigkeit der Gedanken für jede Situation und Annahme einer realistischenEinstellung.
- Konfrontation mit den angstbesetzten Situationen in steigender Schwierigkeit.
- wichtig: konsequent Üben, motivieren und jede Chance nutzen die Angst zu bewältigen.

Die Macht unserer Gedanken

Das zentrale Moment bei der Angstbewältigung kommt unseren Kognitionen, unseren Gedanken und Einstellungen, zu. Wichtig ist dabei zunächst einmal die Irrationalität unserer Gedanken zu erfassen und eine realistische Einschätzung zu entwickeln, wie Sie es durch die ABC-Analyse kennengelernt haben. Aus meiner Praxis weiß ich jedoch, daß das allein nicht ausreicht. Viele meiner Patientinnen und Patienten sagen: „Ja ich weiß, daß mein Denken nicht richtig ist. Aber wenn ich in der Situation bin und die Angst kommt, dann kann ich nicht anders als so zu denken." - Ja, das stimmt und ist richtig. Deshalb sollten wir uns diesem Aspekt einmal gesondert zuwenden.

Das alte angstbezogene Denken ist sehr mächtig und dominant. Vor allem dann, wenn es uns insgesamt schlecht geht oder sich die Angst plötzlich und unvorhergesehen meldet, zeigt sich das alte Denken besonders stark (gerade in dem Moment, wenn wir es nicht gebrauchen können). Andererseits wissen wir, daß das angstbezogene Denken auch nicht stimmt und nicht an der Realität orientiert ist. Wir denken sozusagen auf zwei Ebenen, haben zwei unterschiedliche Meinungen. Nur eine davon kann aber richtig sein. Aber welche ist es? - Natürlich die zweite Ebene, die an der Realität erprobte, ist stimmig.

Wir haben jedoch das Problem, wie wir das angemessene Denken verstärken und stabilisieren können. Wenn wir keine Spannung haben und uns in aller Ruhe unsere Problematik mit der Angst überlegen können, so ist sonnenklar, daß uns die Angst nichts anhaben kann. Steigt jedoch die Spannung, so nimmt unsere realistische Meinung immer mehr ab und das negative Denken wird stärker. Ab einem bestimmten Moment kippt dann das Denken um und die negative Seite hat die Überhand bekommen. Wir sind dann in unserer Angst gefangen.

Damit es nicht so weit kommt, ist es hilfreich, sich zu motivieren und die positive und förderliche Seite zu stärken. Zur Veranschaulichung dazu ein **Vergleich**:

Bei Gericht gibt es drei wichtige Personen: den Richter, der über Recht und Unrecht entscheidet, den Staatsanwalt, der die Anklage vertritt, und den Verteidiger, der den Angeklagten unterstützt. Nehmen wir einmal an, bei einer Anklage würde sich nur der Staatsanwalt zu Wort melden und der Verteidiger nichts sagen. Wem wäre wohl der Richter eher geneigt zu glauben - dem Staatsanwalt oder dem Verteidiger? - Die Antwort ist klar. Der Richter würde eher dem Staatsanwalt und seiner Argumentation glauben, da die Gegenseite nichts entgegengesetzt hat. Der Richter wäre erst dann bereit der anderen Seite zu glauben, wenn diese sich zu Wort melden und eine eigene Argumentationskette aufbauen würde.

Betrachten wir unser negatives, angsterzeugendes Denken als den Staatsanwalt und das positive, an der Realität orientierte Denken, als den Verteidiger, so hat bisher in der Vergangenheit der Staatsanwalt das Wort geführt. Er hat den Gerichtssaal beherrscht, sein Plädoyer abgegeben und den Verteidiger müde belächelt. Er ist stets als Sieger aus dem Gerichtssaal gegangen, hat sich dem Richter gegenüber am günstigsten verkauft. Der arme Verteidiger hat eine Schlappe nach der anderen einstecken müssen und ist schon ganz resignativ und hilflos. Um sich aufzubauen braucht er unsere Unterstützung und Mithilfe, denn allein wird er es wohl nicht schaffen. Wir müssen ihm Mut machen, ihn motivieren und verstärken. Wir müssen ihm Argumente liefern, die er vor dem Richter vertreten kann, Argumente, die stichhaltig und nicht zu widerlegen sind. Wir müssen den Verteidiger ermutigen, gegen den übermächtigen Staatsanwalt anzugehen und ihn immer wieder bestärken, damit es ihm gelingt, diesem gegenüber seine Position klarzulegen.

Wenn die Argumente des Verteidigers zunächst auch nur zaghaft und ohne innere Stärke kommen, so ist es doch schon etwas mehr als vorher, als er gar nichts sagte. Und wenn wir das aufkeimende zarte, grüne Pflänzchen immer mehr begießen und ab und zu auch etwas Dünger in das Wasser hinzufügen, so wird das Pflänzchen immer mehr wachsen, größer werden und eines Tages zu einer großen, schönen Pflanze werden. Und eines Tages wird dann unser Verteidiger so weit sein, daß er dem Staatsanwalt gegenüber einen gleichwertigen Partner darstellt, und er wird damit seine Unterlegenheit aufgeben. Bekommt er dann auch noch weiter unsere Unterstützung, so wird er mit einem Mal besser und stärker sein als sein Kontrahent und selbst den Gerichtssaal beherrschen. Er wird die besseren Argumente haben als die Gegenseite und das bessere Plädoyer abgeben. Der Richter wird nun **ihm** glauben und nicht mehr dem Staatsanwalt. Der Angeklagte wird frei.
Übertragen wir dieses kleine Beispiel auf Ihre Angstproblematik, so hätte in diesem Moment der positive und realistische Teil die Überhand gewonnen. Sie wären in der angstbesetzten Situation geblieben und hätten die Angst bewältigt, die immer mehr nachlassen würde. Wieder ein Tor für Sie. Und je mehr Tore Sie schießen, um so schneller werden Sie weiterkommen, um mit dem Gewinn der Meisterschaft endgültig zeigen, daß Sie der Stärkere sind. Wie wäre so ein Gedanke?

Abb. 9: Unterstützen Sie Ihren Verteidiger

Motivation ist wichtig

Da gerade der Motivation bei der Angstproblematik ein wichtiger Teil zur erfolgreichen Bewältigung zukommt, habe ich diesem Aspekt auch ein besonderes Kapitel gewidmet. Es wird für Sie irgendwann einmal im Rahmen Ihrer Angstbewältigung den Punkt geben, an dem Sie das Gefühl haben, daß Sie es nicht mehr schaffen. Irgendwann denken Sie, daß es besser sein sollte aufzugeben, da die Angst doch stärker ist als Sie. Der Wunsch, doch lieber der Angst aus dem Weg zu gehen, um seine Ruhe zu haben, wird dann immer präsenter werden. Denn es ist ja auch ganz leicht: konfrontieren Sie sich nicht mit der Angst, dann tritt sie nicht auf. Gehen Sie aus der Situation, dann geht auch die Angst zurück. Nehmen Sie Medikamente oder trinken Sie Alkohol, geht es Ihnen besser, denn die Angst nimmt ab. Es wäre ja so einfach.

Andererseits sind Sie nun auch ein intelligenter Mensch und Sie wollen sich aus der Abhängigkeit der Angst befreien; ein Mensch, der weiß, daß dies alles keine dauerhaften Lösungen sind, sondern Ihre Problematik nur noch zunehmen würde. Sie haben sich bis jetzt schon zuviel gefallen lassen, haben bereits einiges investiert gegen die Angst und sollten nun auch weitermachen. Bleiben Sie nicht auf halber Strecke stehen, sondern gehen Sie den Weg konsequent weiter, solange weiter, bis Sie für sich eindeutig geklärt haben: „Liebe Angst, ich bin stärker als du! Du kannst mir nichts mehr anhaben!" Wenn Sie dies von sich sagen können, dann haben Sie es **geschafft**.

Ein typischer Angstverlauf

Die Angstveränderung verläuft nicht linear steigend, d.h. mit jedem Üben wird es nicht unbedingt stetig nach oben gehen. Vielmehr werden Sie erleben, daß Sie Phasen haben, in denen es besonders gut klappt und Sie keine Schwierigkeit haben, die Ängste zu kompensieren. Andererseits werden Sie Phasen haben, in denen es Ihnen besonders schwerfällt dagegen anzugehen. Bleiben Sie jedoch am Ball, denn durch konsequentes Durchführen Ihrer Angstübungen steigern Sie insgesamt Ihr Bewältigungsniveau, auch wenn kurze Durchhänger auftreten.

Vor allem dann, wenn Sie Phasen haben, in denen es Ihnen nicht so gut geht, wird es Ihnen schwerer fallen die Ängste zu kompensieren. Gründe könnten darin liegen, daß Sie derzeit stark belastet sind, viel Ärger haben oder insgesamt viel gefordert werden. Auch Aspekte wie Witterungsumschwung, jahreszeitliche Umstellung, bei Frauen der Eisprung bzw. die Phase davor oder danach, können dazu führen, daß sich die Angstbeschwerden stärker zeigen und es Ihnen schwerer fällt, dagegen anzugehen. Doch lassen Sie sich dadurch nicht entmutigen. Derartige Phasen sind normal und auch Menschen, die nicht unter irgendwelchen Störungen und Symptomen leiden, haben derartige Befindlichkeitsveränderungen. In der Regel nehmen diese Menschen dies jedoch nicht so stark wahr, so daß letztlich auch keine Problematik für sie daraus erwächst.

Sich Fortschritte verdeutlichen

Machen Sie sich Ihre Fortschritte deutlich. Machen Sie sich bewußt, daß es vorwärts geht und Sie jetzt besser mit der Angst umgehen können als noch vor einiger Zeit. Vergleichen Sie sich dabei mit dem, wie es seit Beginn der Umsetzung Ihres Angstbewältigungsprogrammes klappt und vergleichen Sie sich bitte nicht damit, wie es früher einmal gewesen ist. Derartige Vergleiche hinken, denn da waren Sie ja nicht eingeschränkt. Heute kämpfen Sie gegen eine Symptomatik an, die Ihnen alles abverlangt. Sie sind in einer Phase, in der Sie sich wieder aufbauen müssen und das erfordert Zeit und Geduld. Sie sind keine Maschine, die auf Knopfdruck reagiert. Sie müssen im Gegenteil wieder lernen, Ihren Aktionsrahmen zu erweitern.

Je größer Ihr Aktionsrahmen wird, desto größer ist Ihr Fortschritt. Sie bewegen sich weiter, als noch vor einiger Zeit. Nehmen die Angstreaktionen an Intensität, zeitlicher Dauer und Häufigkeit ab, spricht dies auch für Ihre Weiterentwicklung. Fortschritt heißt nicht, daß überhaupt keine Angst mehr aufkommt, sondern, daß Sie zunehmend besser in der Lage sind damit umzugehen. Gelingt Ihnen der Umgang mit der Angst immer besser, tritt die Angst automatisch mehr in den Hintergrund. Doch das erfordert Zeit, denn Ihr Gefühl muß erst lernen, daß es nicht mehr zu reagieren braucht. Obwohl Ihre Gedanken zunehmend angemessener werden, reagiert Ihr Gefühl noch so wie früher. Die Diskrepanz „Kopf-Bauch" baut sich erst allmählich ab, Ihr Gefühl paßt sich erst mit der Zeit Ihren Gedanken an.

Verstärkte Angst in Ruhephasen

Sehr häufig berichten Angstbetroffene, daß sie vor allem in Ruhephasen, nämlich dann, wenn die tägliche Hektik vorbei ist, verstärkte Symptome erleben.

„Ich war den ganzen Tag mit den Kindern beschäftigt und habe den Haushalt geführt", berichtet Frau W. „Gegen 21.00 Uhr war alles erledigt, und die Kinder schliefen. Ich wollte abspannen und habe mich vor den Fernseher gesetzt. Ich habe mir ein Gläschen Wein eingeschüttet und eine Zigarette geraucht. Doch schon nach wenigen Minuten fing es mir an schwindelig zu werden, die Spannung stieg von unten hoch, und ich wurde zunehmend unruhig. Ich habe dann die Zigarette sofort ausgemacht, bin aufgestanden und durch die Wohnung gelaufen. Ich konnte es nicht mehr aushalten und bekam Angst, daß sich die Panik noch weiter entwickeln würde."

Ein typisches Beispiel aus der Praxis, bei dem die Symptomatik nicht in Phasen der Aktivität und Anspannung aufgetreten ist, sondern in der Ruhephase, als die Arbeit bereits getan war. Eine Erklärung für diese Reaktion bietet das dreiphasige Modell des

Streßverlaufs, das ich Ihnen bereits vorgestellt habe. Sie erinnern sich noch daran, daß die physiologische Reaktion auf Belastungen zunächst abnimmt, dann stark steigt und sich schließlich erschöpft. Der kritische Moment hierbei ist die Phase des Übergangs vom Stadium 2 (starke vegetative Reaktion) zu Stadium 3 (Erschöpfung). In dieser Phase findet ein Spannungsabfall statt, und der Widerstand in Bezug auf die Belastung geht zurück. Treten Symptome auf, dann häufig in dieser Phase.

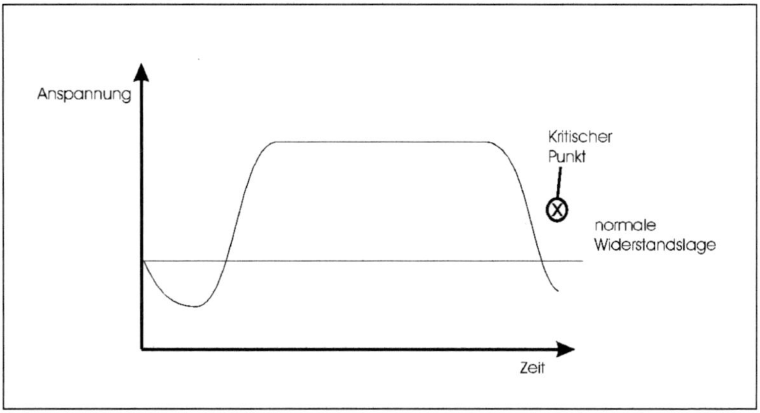

Abb. 10: Kritischer Punkt während der Streß- und Anspannungsreaktion

Wochenendmigräne oder der Wochenendkopfschmerz sind, als Beispiel genannt, häufige Reaktionen. Die ganze Woche über fand eine mehr und minder starke berufliche oder sonstige Anspannung und Belastung statt. Am Wochenende, wenn die eigentliche Ruhe und Entspannung eintreten soll, reagiert der Körper mit Beschwerden.

Häufig werden Menschen zu Urlaubsbeginn krank und reagieren überreizt. Diese Reaktionen treffen zeitlich genau in die Phase der Erschöpfung, wenn der Widerstand nachläßt und sich damit auch die physiologische Energie erschöpft.

Wie können wir damit umgehen?

Wir haben zwei Möglichkeiten des angemessenen Umgangs: zum einen sollten wir dafür Sorge tragen, daß unser tägliches Anspannungsniveau möglichst über einen bestimmten Punkt der Belastung nicht hinauskommt („Streß- Management"), zum anderen führt ein allmählich stattfindendes Nachlassen der Anspannung, im Gegensatz zu einem rapiden Spannungswechsel, zu einer besseren Kompensation der Spannung.

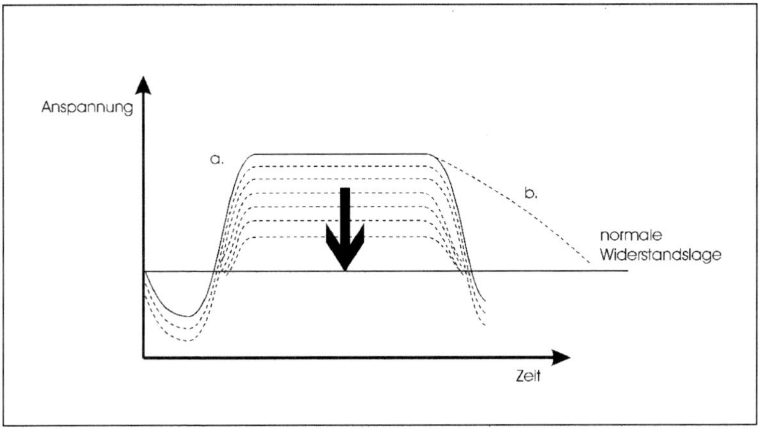

Abb. 11: Angemessener Umgang mit der Streß- und Anspannungsreaktion durch

a. Streßmanagement (Reduktion des Spannungsniveaus)
b. Schaffung von Übergängen (allmähliches Nachlassen der Spannung)

zu 1: Streß- Management

Da unser Körper nicht in der Lage ist über einen längeren Zeitraum ein Energiedefizit zu verkraften, indem wir dadurch, daß wir uns überfordern, mehr an Energien ausgeben als uns zur Verfügung stehen, sollten wir lernen die Grenzen der Belastbarkeit zu erkennen und einzuhalten. Wir sind nur zeitbegrenzt in der Lage eine Überforderung auszuhalten, reagieren jedoch bei anhaltender Überforderung mit Krankheit. Daher wäre es sinnvoll ein Anforderungsniveau zu entwickeln, das wir über einen längeren Zeitraum aufrecht erhalten können. Lieber weniger, denn mehr, aber dafür auf Dauer - so sollte das Motto lauten.

Die Belastbarkeit ist individuell verschieden, und muß von jedem selbst festgestellt werden. In Phasen der Beanspruchung, wie z.B. wenn Sie unter Angstzuständen leiden, ist Ihr Beanspruchungsgrad natürlich niedriger, als in Phasen, in denen es Ihnen gut geht. Vernünftiges „Streß- Management", d.h. Ausbalancierung der Phasen der Aktivität und Entspannung, sollte umgesetzt werden.

zu 2: Übergänge schaffen

Um einen rapiden Spannungsabfall in der Übergangsphase, von der Anspannung hin zur Entspannung, zu vermeiden, bietet es sich an, entsprechende Übergänge einfließen zu lassen. Ähnlich wie ein Läufer, der langsam ausläuft, und nicht nach dem Laufwettbewerb abrupt plötzlich stehenbleibt, um Muskelverhärtungen, Zerrungen oder sonstigen Schäden vorzubeugen, sollten Sie sich nach einer Aktivität nicht sofort und umgehend zur Ruhe begeben, sondern entwickeln Sie für sich entsprechende Übergänge.

Dies könnte so aussehen, daß Sie die Arbeitsintensität allmählich reduzieren. Machen Sie einen kleinen Spaziergang, bevor Sie sich abends hinsetzen oder suchen Sie sich eine Tätigkeit mit einer gewissen Aktivität und Beanspruchung. Vermeiden Sie jedoch auf jeden Fall zu schnelle Übergänge. In dem genannten Beispiel von Frau M. kam neben dem raschen Übergang von der Anspannung hin zur Ruhe noch hinzu, daß die Wirkung von Alkohol und Nikotin das Auftreten der vegetativen Reaktion verstärkt hat.

„Angst komm' her, ich bin bereit"

Und nun noch einmal zurück zu unseren Gedanken. Entwickeln Sie eine positive und förderliche Einstellung unter Berücksichtigung der bisher genannten Aspekte. Glauben Sie nicht daran, daß dann, wenn die Angst aufkommt, Sie nicht in der Lage sind diese zu kompensieren. Dies ist eine **alte und überholte Philosophie**: „Entweder die Angst tritt auf (und dann geht es mir schlecht), oder die Angst tritt nicht auf (und es geht mir gut)".

Sie sind bei dieser Einstellung immer der Verlierer, denn wenn die Angst da ist, haben Sie ihr nichts entgegen zu setzen. Ist die Angst jedoch einmal nicht da, so sagen Sie „Gott sei dank", haben aber latent die Angst: „Hoffentlich kommt meine Panik nicht wieder!" Sie sind so oder so immer angespannt und werden von der Angst kontrolliert.

Es gibt jedoch noch einen Mittelweg: das **Sowohl-als-auch**. Angst kann auftreten, sie kann aber auch nicht auftreten. Sollte jedoch die Angst auftreten, so sind Sie tatsächlich in der Lage, diese zu kompensieren. Selbst wenn die Angst da ist, können Sie die Dinge tun, die Sie sowieso tun wollten, d.h. Sie können mit der Angst in die Stadt gehen, Sie können mit der Angst autofahren, Sie können mit der Angst in Geschäfte gehen und sich an der Kasse anstellen, Sie können mit der Angst zu einer Veranstaltung gehen usf. Angstfreiheit ist keine unabdingbare Voraussetzung dazu, diese Dinge zu tun. Nehmen Sie Ihre Angst mit: „Komm liebe Angst, wir beide gehen zusammen in die Stadt! Zwar würde ich lieber allein gehen, aber wenn du schon einmal da bist, laß' uns zu zweit gehen. Wenn du dich dann irgendwann wieder von mir trennen willst, kannst du einfach gehen".

Verlieren Sie die Scheu vor der Angst, denn diese ist nicht Jemand, der Ihnen etwas Böses will, sondern die Angst ist lediglich eine intensive körperliche Reaktion, die aufgrund Ihrer Lernentwicklung zunächst immer wieder kommen wird. Es ist Ihr altes Warnmuster, das erst langsam und allmählich versteht, daß es nicht mehr kommen braucht, da Sie Ihre Situation unter Kontrolle haben. Daher fürchten Sie sich nicht und nehmen Sie keine passiv- abwartende Haltung ein. Werden Sie aktiv und fordern Sie Ihre Angst sogar heraus. Finden Sie die Auslöser für Ihre Ängste und nutzen Sie diese konstruktiv für sich. Dazu ein Beispiel aus der Praxis:

Einer meiner Patienten hatte sehr starke Ängste beim Autofahren. Um zu seiner Arbeit zu kommen, mußte er jeden Tag an einer bestimmten Ampel vorbei und danach kurzzeitig über eine Bundesstraße fahren. Von dort fuhr er an einer weiteren Ampel vorbei, nahm dann den direkten Weg zur Arbeit. Auslöser für seine Panikreaktionen einhergehend mit starkem Herzklopfen, starker innerer Anspannung, Luftnot und Schweißausbruch waren die beiden Ampelanlagen. In der Vergangenheit hatte seine ganze Aufmerksamkeit diesen Ampelanlagen gegolten, denn er fuhr diese so an, daß er möglichst nicht halten mußte. Zeigte die Ampel rot, wenn er kam, fuhr er so lange langsamer, bis die Ampel wieder grün wurde. War die Ampel grün, gab er mächtig Gas, um noch schnell bei grün über die Ampel kommen zu können. Er hatte die Philosophie im Kopf: „Wenn ich vor der Ampel anhalten muß, dann bekomme ich Panik und diese kann ich nicht kontrollieren. Ich drehe dann durch!"

Nachdem wir zusammen in der Verhaltenstherapie seinen inneren Dialog, seine Gedanken, analysiert und auf eine realistische Ebene gebracht haben, sind wir einen Schritt weiter gegangen und haben die Ampel im Sinne einer Bewältigungshilfe genutzt. Bisher war die Ampel ein Negativsymbol: Ampel-Panik-schreckliche Gefahr! Nun begann mein Patient die Ampel im Sinne eines Auslösers für seine aktive Bewältigung zu nutzen, denn er hatte das feste Ziel, seine Panik zu kontrollieren und sich nicht mehr von dieser kontrollieren zu lassen. Die Ampel wurde so zu einem Auslöser für seine aktive Haltung der Panik gegenüber, denn er wußte ja, wenn er vor der Ampel halten mußte, so würde die Panik mit hoher Wahrscheinlichkeit kommen.
Und anstatt vor der Panik wegzulaufen, hatte er sie nun herausgefordert. Er wollte, daß sie kommt, er wollte sie erleben, um die Angst und Panik in ihre Schranken zu verweisen. Er wollte nicht mehr davor weglaufen, sondern die Panik kontrollieren. Zur eigenen Motivation und Unterstützung seiner kämpferischen Haltung überlegte er für sich einen Satz, den er sich in dieser Situation immer sagte. „Angst komm her! Ich bin bereit". Die Ampel wurde somit zu folgendem Auslöser: Ampel- Panik- Bewältigung.

Dieser Satz wurde Soetwas wie sein Schlachtruf, sein Symbol und Zeichen für seine Stärke und kämpferische Haltung der Panik gegenüber. Er wollte nicht mehr der Unterlegene seiner Angst sein, sondern wollte es wissen, wollte der Stärkere sein. Mit dieser Einstellung ging er abends ins Bett. Er dachte dann immer schon bereits an den folgenden Tag, wenn er wieder an der Ampel vorbeifahren mußte, und motivierte sich, die Angst und Panik wieder zu besiegen. Morgens, wenn er aufstand, sah er sich bereits wieder bildlich an der Ampel halten, die Panik erwartend, und die Panik bewältigend. Er wurde quasi ganz „heiß" darauf zur Ampel zu kommen, konnte es kaum abwarten, daß die Angst kam. „Angst komm her, ich bin bereit" begann ihm, auch wenn Sie es möglicherweise in Ihrer aktuellen Situation nicht ganz nachvollziehen können, Freude zu bereiten, nachdem er bald sah, daß sich der Erfolg einstellte. Er kokettierte und spielte dann sogar noch mit der Panik, indem er extra langsamer fuhr, wenn die Ampel grün zeigte, um bei rot halten zu müssen oder umgekehrt fuhr er zügig bei rot vor, um noch etwas stehenbleiben zu können. „Angst komm her, ich bin bereit" wurde für ihn ein voller Erfolg. Er sagte sich diese Bereitschaft nicht nur im Kopf, sondern er lebte sie auch, er war wirklich bereit die Angst mitzumachen.

Unterstützung durch Vorstellungsbilder

Wie Sie aus diesem Beispiel entnehmen können, ist es gar nicht unbedingt so schwer, wieder Land zu sehen und bessere Zeiten zu erleben. Es kommt im wesentlichen auf Ihre Einstellung an. Diese kann durch Vorstellungsbilder unterstützt werden, so wie es mein Patient auch gemacht hat.

Unser Körper reagiert nämlich nicht nur auf gedankliche Prozesse, sondern auch auf Vorstellungen und innere Bilder.
Die meisten Menschen haben von bestimmten Situationen ihres Alltags und ihres Lebens bildliche Vorstellungen und sind fähig, sich bestimmte Situationen bildlich auszumalen. Denken Sie an Ihre bildliche Phantasie, die Sie umgekehrt nutzen, um sich in die Ängste hinein zu steigern. Nutzen Sie nun diese Fähigkeit im umgekehrten Sinne, indem Sie sich Ihre Bewältigung der angstbesetzten Situationen vorstellen.

Zum besseren Verständnis dazu ein praktisches Beispiel, entnommen aus der Angsthierarchie des vorherigen Kapitels (Punkt 14 - Allein in den Supermarkt gehen und einkaufen):

Nehmen Sie sich Zuhause etwas Zeit. Legen oder setzen Sie sich entspannt hin, möglicherweise in einen Sessel, auf einen Stuhl, auf die Couch, auf den Teppich oder auf eine Ihnen genehme Unterlage. Sorgen Sie dafür, daß Sie während der Übung nicht gestört werden. Schließen Sie Ihre Augen und atmen Sie bewußt ganz ruhig ein und aus. Ganz ruhig ein und aus und lenken Sie Ihre Atmung in den Bauch, so daß sich dieser leicht hebt. Machen Sie dies ein paar Minuten lang, bis Sie merklich ruhiger geworden sind und stellen Sie sich dann Ihre nächste zu bewältigende Situation vor.

Stellen Sie sich vor, wie Sie allein die Straße entlangkommen und das Geschäft sehen. Wie Sie sich mehr und mehr dem Geschäft nähern und es schließlich dann auch betreten. Programmieren Sie sozusagen die einzelnen Schritte, die Sie im Geschäft gehen wollen. Stellen Sie sich diese Situation plastisch vor, wie Sie durch die Gänge gehen, die Waren betrachten, einige in den Einkaufswagen legen, andere nur so anschauen. Wie Sie die Verkäuferinnen beobachten, vielleicht den einen oder anderen Kunden betrachten und schließlich zur Kasse gehen, sich an der Schlange anstellen und geduldig wartend bis Sie selbst drankommen sich einreihen. Wie Sie dann Ihre Waren auf das Band legen und die Kassiererin die Preise eingibt, wie Sie die Waren wieder in den Wagen legen, bezahlen, das Wechselgeld entgegennehmen, vielleicht die Bedienung noch freundlich anlächeln und dann das Geschäft verlassen.

Spielen Sie diesen Ablauf gedanklich durch und zwar so, wie er sein sollte, wie Sie es sich idealerweise wünschen und so, wie Sie es vor dem Ausbruch Ihrer Angsterkrankung auch gemacht haben.

Dies ist Ihr Ziel, wo Sie wieder hinkommen sollen. Egal, ob die Angst aufkommt oder nicht, denn die Angst können Sie kompensieren und die Angst wird auch wieder gehen. Stellen Sie sich diesen konkreten Ablauf vor und Ihr Unterbewußtsein wird diesen von Ihnen angebotenen Weg aufnehmen. Sie programmieren sich sozusagen positiv für den späteren Ablauf, der dann in der Wirklichkeit auch kommen wird.

Ein ähnliches mentales Training wird auch in der Sportpsychologie betrieben. Skifahrer gehen in der Entspannung den Parcours vorstellungsmäßig und gedanklich durch. Tennisspieler spielen in der Phantasie ihre Bälle, machen ihre Aufschläge und Returns gegen vorgestellte Gegner. Dies stellt den Körper in Bereitschaft, so daß er bereits über die notwendigen und potentiellen Reaktionsweisen verfügt, um in der konkreten Situation dann handlungsfähig zu sein.

Sie können diese Möglichkeiten für sich nutzen als Vorbereitung auf Ihre Trainingseinheiten. Untermalen Sie Ihre Vorstellungsbilder durch förderliche Suggestionen, wie „Ich bleibe, was auch geschieht, in der Situation!“, „Ich bleibe ganz ruhig und gehe sicher meinen Weg!“, „Was auch passiert, ich weiche nicht“ o.ä. Sätze. Nutzen Sie Ihre Vorstellungskraft, um dann anschließend diese Situationen in der Realität anzugehen. Es wird Ihnen dann leichter fallen Ihr Vorhaben zu realisieren, da Sie es bereits im Vorfeld erfolgreich bewältigt haben.

Konkrete Umsetzung des Programms

So, liebe Leserinnen und Leser, nun sind wir bald am Schluß des Buches angelangt. Ich habe Ihnen etwas an meinem Wissen und meiner Arbeit teilhaben lassen und Sie haben mir Ihre Aufmerksamkeit geschenkt. Nun kommt es für Sie darauf an, dieses Wissen auch konkret umzusetzen.

Anhand des Angst-Bewältigungsprogrammes haben Sie eine Grundlage, von der aus Sie gegen die Angst angehen können. Sie benötigen Geduld, Konsequenz und die Bereitschaft auch einmal Frustrationen in Kauf zu nehmen. Jedoch: steter Tropfen höhlt den Stein - lassen Sie sich nicht durch etwaige Rückfälle, die höchstwahrscheinlich auftreten werden, aus der Bahn werfen. Bleiben Sie hart auf Kurs. Werden Sie der Herr Ihrer Angst, bleiben Sie nicht ihr Sklave.

Professionelle Helfer

Sollte es Ihnen trotz intensiver Bemühungen nicht gelingen Ihre Ängste und Panikreaktionen allein in den Griff zu bekommen, wäre es empfehlenswert sich an einen professionellen Helfer zu wenden. Die Gründe hierzu könnten darin begründet sein, daß es für Sie zu schwierig ist die genannten Bewältigungsprinzipen allein umzusetzen, so daß eine ergänzende Unterstützung sinnvoll wäre, oder Ihre Beschwerden haben eine Intensität erreicht, bei der die Bewältigung ohne therapeutische Hilfe nur unzureichend gelingen wird. Vorstellbar wäre auch, daß etwaige Ursachen, die zur Angst geführt haben (z.B. Konflikte oder Belastungen) noch unbewältigt bestehen oder Faktoren, die die Angst aufrechterhalten (z.B. Streß, ungesunde Lebensführung, Ängste im zwischenmenschlichen Bereich), nicht modifiziert worden sind. Sollte eine dieser oder mehrere Voraussetzungen davon vorliegen, so wäre es ratsam einen Verhaltenstherapeuten aufzusuchen.

Die Ihnen in diesem Buch vorgestellte Therapieform ist die **Verhaltenstherapie**, die anhand vieler wissenschaftlichen Studien über die Angst bislang im Gegensatz zu anderen Therapieverfahren durchweg am effektivsten abgeschnitten hat. Verhaltenstherapeuten gibt es zwischenzeitlich in jeder Stadt ab einer bestimmten Größe. Da die Verhaltenstherapie auch eine Krankenkassenleistung darstellt, übernimmt Ihre Kasse selbstverständlich die Behandlungskosten. Angst und Panikreaktionen sind Erkrankungen im Sinne der Reichsversicherungsordnung und die Behandlungskosten sind deshalb auch von Ihrer Krankenkasse zu tragen. Diese kann Ihnen dann auch auf Anfrage ausgebildete Verhaltenstherapeuten nennen. Es wird sich hierbei in der Regel um Psychologische Psychotherapeuten handeln, da die Verhaltenstherapie an den psychologischen Instituten der Universitäten entwickelt wurde und daher in psychologischer Tradition steht. In den letzten Jahren haben jedoch auch zunehmend mehr Ärzte die Effektivität der Verhaltenstherapie feststellen können und sich deshalb auch in dieser Disziplin ausbilden lassen. Adressen können Sie, wie gesagt, über Ihre zuständige Krankenkasse erfahren, die über entsprechende Therapeutenlisten verfügt. Scheuen Sie nicht diesen Weg über einen professionellen Helfer zu gehen, falls es allein nicht klappen sollte. Dafür sind diese Menschen da, die Ihnen gern zur Verfügung stehen werden.

Rückfälle

Da die Modifikation Ihrer Ängste und Panikreaktionen kein statischer Vorgang ist, sondern es sich hierbei um einen **Prozeß der Veränderung** handelt, müssen Sie auch dann, wenn Sie Ihre Problematik weitestgehend kompensiert und Ihren alten Aktionsradius wiedererlangt haben, mit etwaigen Rückschlägen rechnen. Dies wäre durchaus normal und kein Grund zur Besorgnis. Sollte es später wieder einmal zu einem Rückfall kommen, so lassen Sie sich dadurch nicht entmutigen, sondern fangen Sie wieder damit an das umzusetzen, was Sie gelernt haben, nämlich sich zunächst gedanklich zu strukturieren und dann in die Angstsituationen hineinzugehen und zwar solange, bis Sie diese Situation in den Griff bekommen haben.

Frau L. hatte erfolgreich die Verhaltenstherapie umgesetzt und ihre Ängste wieder kompensieren können. Sie ging überall hin, wo sie auch vor Ausbruch der Angsterkrankung hingegangen war, ohne hierbei von Spannungszuständen geplagt zu werden, und sie beschäftigte sich auch nicht mehr gedanklich mit den Ängsten, von gelegentlichen Ausnahmen abgesehen. Unsere Kontakte beschränkten sich, da die Therapie auslief, auf einen Termin alle vier Monate mit dem Ziel, diese nach einem Jahr ganz einzustellen.

Innerhalb dieser Zeitspanne erlebte Frau L. einen herben Rückschlag. Sie bekam während einer Busfahrt plötzlich einen Panikanfall, den sie zuvor monatelang nicht mehr bekommen hatte, so daß sich für sie diese Reaktion sehr überraschend einstellte. Glücklicherweise rief mich die Patientin an und berichtete von diesem Vorfall, so daß wir das therapeutisch Sinnvolle einleiten konnten, nämlich die sofortige Konfrontation mit dieser Situation. Frau L. fuhr deshalb so oft wieder mit dem Bus, bis es ihr gelang angstfrei diese Situation zu bewältigen. Hätte sie erst mit dieser Konfrontation eine Zeitlang gewartet, so hätte sich das Angstmuster wieder reaktiviert und die Wahrscheinlichkeit eines Rückfalles, auch in anderen Situationen, wäre gestiegen. So gelang es ihr mit relativ geringem Aufwand diese Krise zu bewältigen. Innerhalb der Therapie wurden dann auch die Auslöser für den Rückfall deutlich: die Patientin hatte die Tage zuvor Ärger mit ihrem Vorgesetzten gehabt und war gedanklich sehr stark mit ihrer beruflichen Situation beschäftigt. Am Tage des Rückfalls hatte sie zudem ihre Regelblutung bekommen, so daß insgesamt zwei Belastungsfaktoren zusammenkamen, die den Rückfall ausgelöst hatten.

Derartige Rückfälle treten vor allem dann auf, wenn, wie im genannten Beispiel, mehrere Belastungsfaktoren zusammen kommen. Gehen Sie jedoch **unmittelbar** wieder in die kritische Situation hinein und beginnen Sie nicht damit diese Situation zu meiden. Es wird Ihnen dann gelingen, im Gegensatz zu früher, mit weniger Aufwand die Situation für sich zu klären.

Einschleichen „alter“ Vermeidungstendenzen

Seien Sie auch besonders sensibel dafür, daß sich bestimmte Vermeidungstendenzen allmählich wieder einschleichen. Dies kann automatisch passieren und Sie verlieren Stück für Stück wieder etwas von Ihrer neu gewonnen Freiheit. Vorbeugend sollten Sie deshalb bestimmte Situationen immer wieder in Angriff nehmen und bewußt angehen. Wenn Sie Probleme hatten in Geschäfte zu gehen, gehen Sie bewußt allein einkaufen. Haben Sie Probleme in Räumlichkeiten und großen Einrichtungen, so gehen Sie ganz bewußt dahin.

Ein Patient von mir nahm sich nach der Therapie vor, einmal monatlich in den Sonntagsgottesdienst zu gehen und sich in die vorderste Reihe zu setzen, was für ihn immer eine schwierige Aufgabe im Rahmen seiner Angstbewältigung gewesen war. Obwohl er persönlich der Institution Kirche wenig Glaubwürdigkeit abgewinnen konnte, führte er diese Übung regelmäßig für sich im Sinne einer vorbeugenden Maßnahme gegen die Angst durch. Eine Patientin machte es anders: Sie hatte besondere Probleme beim Autobahnfahren und Fliegen. Sie nahm sich vor, um im Training zu bleiben, regelmäßig <u>allein</u> einen Trödelmarkt in einer 70km entfernten Stadt zu besuchen, der alle zwei Monate stattfand. Darüber hinaus plante sie, zumindest einmal im Jahr, einen Flugurlaub im Süden zu verbringen, etwas, was sie zuvor jahrelang vermieden hatte.

Regelmäßiges Üben der sensiblen Situationen beugt einer zukünftigen Angstentwicklung vor. Seien Sie kreativ in der Auswahl Ihrer schwierigen Situationen und führen Sie diese dann auch regelmäßig durch. Sie tun es für sich.

Ein weiterer Aspekt, dem im Rahmen einer Vorbeugung eine zentrale Bedeutung zukommt, ist der, daß Sie Ihre **auslösenden Belastungsfaktoren identifizieren** sollten, damit Sie sich zukünftig noch konkreter und bewußter auf die Veränderung dieser Faktoren einstellen können, um die Wahrscheinlichkeit eines Rückfalles zu reduzieren. Lernen Sie Ihre Belastungen auf ein Maß zu beschränken, daß für Sie realisierbar ist. Überfordern Sie sich nicht, Sie haben nur 100% an Energien, die Sie ausgeben können. Kurzfristig ist unser Organismus in der Lage auch über seine Belastungsgrenzen zu gehen, auf Dauer treten jedoch Symptomatiken als Zeichen der Überforderung auf. Achten Sie auf diese Reaktionen im Sinne eines Hinweises, wieder kürzer treten zu müssen. Aufkommende Schwindelgefühle oder Spannungen können wie andere vegetative Symptome Vorboten eines sich ankündigenden Panikzustandes sein. Dieser Zustand kann aber auch ohne vorherige Hinweise plötzlich eintreten. Auf jeden Fall stellt dies ein Zeichen dafür dar, daß Sie wieder mehr Energien ausgegeben haben, als für Sie gut gewesen wäre. Mit einem angemessenen „Streßmanagement" können Sie somit etwaigen Rückfällen vorbeugen.

Weitere Möglichkeiten im Sinne einer Prophylaxe bestehen in einer **gesunden Lebensführung** mit ausgewogenem Eß- und Trinkverhalten, angemessenen Phasen der Aktivität und Entspannung sowie ausreichender körperlicher Betätigung. Ich möchte Ihnen diese Aspekte nur stichpunktartig nennen, ohne die einzelnen Punkte im Rahmen unserer Thematik „Angst" ausführlicher zu behandeln. Nur soviel: Unser Wohlbefinden und unsere innere Harmonie stellen sich dann auf natürliche Art und Weise ein, wenn es uns gelingt, ein angemessenes Maß der Balance zwischen den beiden Polen des vegetativen Nervensystems „Sympathikus" (für die Aktivität zuständig) und „Parasympathikus" (für die Entspannung zuständig) zu erreichen. Ein Zuviel an Aktivität führt zu Spannungen, ebenso wie ein Zuviel an Entspannung.

Finden Sie Ihr Maß und seien Sie sensibel für Ihre Bedürfnisse: Wieviel an Belastungen kann ich aushalten? Wann ist es sinnvoll eine Pause zumachen? Wie kann ich mich am besten erholen?

Wann wäre es sinnvoll Urlaub zu machen und wie häufig im Jahr? Welche Freizeitaktivitäten sind für mich befriedigend: Sport und Spiel, kreative Dinge, Geselligkeit, Kultur oder politische Aktivitäten? Wie viele Sozialkontakte möchte ich? Grenze ich mich zuwenig ab von anderen oder ziehe ich mich zuviel zurück?

Die Beantwortung dieser oder weiterer Fragen bringt Ihnen mehr Klarheit über Ihre Bedürfnislage. Beginnen Sie dann damit, mehr und mehr davon umzusetzen, so daß Sie ein höheres Maß an Zufriedenheit mit sich und Ihrem Leben gewinnen und somit mehr inneres Gleichgewicht erhalten. Es wäre eine sehr wichtige Voraussetzung dafür, den Ängsten vorbeugend entgegen zu wirken.

Zusammenfassung

Lassen Sie mich diese Punkte noch einmal zusammenfassen:

- Sollten Sie mit der Bewältigung Ihrer Ängste nicht allein zurechtkommen, wenden Sie sich an einen Verhaltenstherapeuten.
- Gehen Sie beim Auftreten eines Rückfalles unmittelbar wieder in die Situation hinein und konfrontieren Sie sich damit solange, bis Sie in der Lage sind diese Situation spannungsfrei zu bewältigen.
- Stellen Sie für sich ein Programm Ihrer kritischen Situationen auf, die Sie zukünftig regelmäßig bewußt angehen sollten, vor allem dann, wenn diese Situationen in Ihrem Alltag nicht unmittelbar auftreten.
- Achten Sie auf eine ausgewogene Lebensgestaltung, reduzieren Sie Ihre Belastungsfaktoren und planen Sie bewußt Ihre Phasen der Aktivation und Entspannung.

Eine Geschichte zum Abschluß

Nun, liebe Leserinnen und Leser, bleibt mir zum Abschluß nur noch Ihnen alles Gute und viel Erfolg bei Ihrer Angstbewältigung zu wünschen - allein oder mit Hilfe einen anderen Person. Packen Sie es an, es wird sich für Sie lohnen. Als letztes Lebewohl eine kleine Geschichte, die ihren Ursprung im asiatischen Kulturkreis hat:

Unsere Seele wird dort mit einem tiefen Bergsee verglichen, der unser Unterbewußtsein oder unser altes Verhaltensmuster darstellt. Um aus der Tiefe des Sees an die Oberfläche kommen zu können, um das Sonnenlicht zu sehen, müssen wir vom Grund des Sees aus langsam nach oben steigen. Dies können wir dadurch erreichen, indem wir einen Stein nach dem anderen in den See werfen. Die verschiedenen Steine bilden allmählich einen Haufen, der mit jedem Stein wächst und größer wird. Je mehr Steine wir in den See werfen und je umfangreicher diese Steine sind, desto größer wird auch unser Haufen und desto eher kommen wir an die Oberfläche. Dabei kann es natürlich auch einmal passieren, daß sich unser Haufen verschiebt oder einzelne Steine wieder abbröckeln. Doch wenn wir bestrebt sind immer weitere Steine in den See zu werfen, werden diese auf ein immer breiteres Fundament gelangen und unser Steinhaufen wird wachsen und wachsen und zwar so lange, bis wir das Sonnenlicht erblicken und ganz oben sind.

Der tiefe Bergsee, liebe Leserinnen und Leser, ist Ihre Angst. Jedesmal wenn Sie gegen die Angst angehen und die Angst in die Schranken weisen, haben Sie einen Stein in den See geworfen. Es gibt kleine Steine, das sind einfachere Übungen gegen die Angst, und große Steine und auch dicke Brocken, das sind schwierige und sehr schwierige Übungen gegen die Angst. Aber jeder Stein bringt Sie weiter nach oben, auch wenn Ihr Steinhügel einmal wieder umkippen sollte und Sie einen Rückfall erleiden. Bauen Sie ihn wieder auf und lassen Sie ihn wachsen. Eines Tages hat er die Oberfläche erreicht und Sie erblicken dann das Sonnenlicht. Sie haben gewonnen und Ihre Angst besiegt.

Anhang I

Die Progressive Muskelrelaxation nach Jacobson

Beschreibung des Verfahrens

Das Ihnen nachfolgend vermittelte Entspannungsverfahren wird nach dem amerikanischen Physiologen Edmund Jacobson, der es 1938 entwickelt hat, als „Progressive Muskelrelaxation“, „Aktives Muskelentspannungstraining“ oder einfach „Jacobson-Training“ bezeichnet.

Bei diesem Training spannen Sie abwechselnd verschiedene Muskelgruppen nacheinander an und entspannen diese dann wieder. Dadurch wird eine durchgängige gesamtkörperliche Entspannung erzielt. Hintergrund dieses Vorgehens ist die natürliche Tendenz des Organismus auf vorausgehende Belastungen (hier: Anspannung) physiologisch mit Ermüdung (hier: Entspannung) zu reagieren.

Ein weiterer wichtiger Effekt besteht in der Wahrnehmung der Intensität der unterschiedlichen Spannungszustände in den verschiedenen Körperteilen. Dieses (Wieder-) Erlernen der Wahrnehmung körpereigener Spannungszustände soll dabei helfen, zukünftig möglichst früh beginnende Ver- und Anspannung zu registrieren, um darauf gezielt mit Entspannung und Lockerung reagieren zu können. In diesem Sinn wirkt die Progressive Muskelrelaxation auch prophylaktisch, d.h. vorbeugend, und Sie verhindern bzw. reduzieren dadurch Beschwerden und Anspannungen.

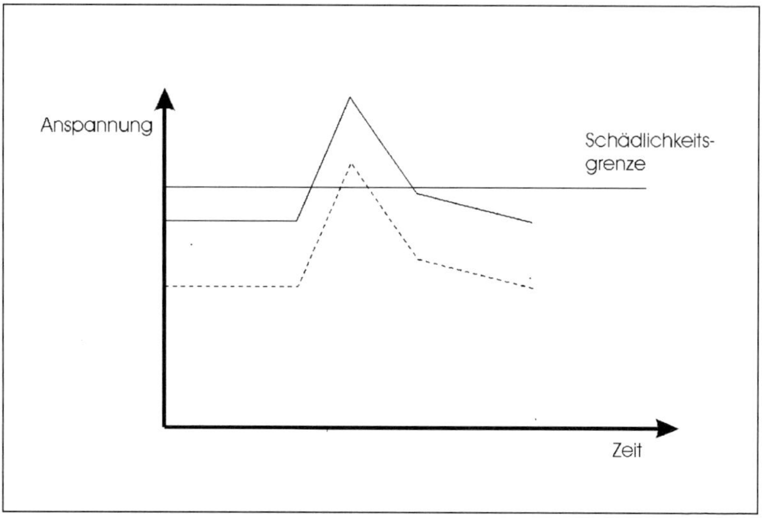

Abb. 12: Intensität der physiologischen Aktivität im Organismus
_____ ohne Entspannungstraining
- - - - - mit Entspannungstraining

Die Progressive Muskelrelaxation ist eine empirisch gut abgesicherte Methode hinsichtlich Ihrer Wirkungsweise. Von positiven Effekten wird bei den folgenden Symptomen und Problemen berichtet: Hypertonie, Schlafstörungen, Kopfschmerzen und andere Schmerzzustände, Angst- sowie Spannungsgefühle. Darüber hinaus zeigen sich Verbesserungen im Rahmen der allgemeinen Befindlichkeit und vegetativen Stabilität sowie im zwischenmenschlichen Bereich.

Ich werde Ihnen gleich ein Entspannungs**programm** vorstellen, d.h. es werden Ihnen einander aufbauende Verfahren an die Hand gegeben, die auf der gleichen Grundlage, nämlich der Progressiven Muskelrelaxation, basieren, Ihnen aber die Möglichkeit geben, sich mit der Zeit gezielter und in kürzerer Zeiteinheit zu entspannen.

Zunächst werden wir mit der Langversion des Jacobson-Trainings beginnen. Bei dieser Version spannen Sie die angesprochenen Muskelgruppen an und entspannen diese dann wieder (Zeitdauer des Trainings ca. 20 Minuten). Nach einiger Zeit regelmäßigen Übens (nach ca. 6- 8 Wochen) hat Ihr Körper bereits gelernt auf die Entspannungsreize zu reagieren. Sie sollten dann auf die Kurzversion („Entspannen durch loslassen") der Progressiven Muskelrelaxation übergehen (ca. 10 Minuten Dauer), die auf den gleichen Muskelgruppen wie die Langversion basiert. Im Gegensatz zu dieser erzielen Sie die Entspannung nicht über eine vorherige Anspannung, sondern durch Konzentration und Vorstellung auf die jeweilige Muskelgruppe. Die Entspannung wird schließlich mit einem Reiz- oder Codewort gekoppelt (z.B. dem Wort „Ruhe"), damit Sie zukünftig allein über dieses Reizwort den Entspannungseffekt erzielen können. Sie sind dann in der Lage, sich ohne Hilfsmittel, wie z.B. dem Kassettenrekorder, eigenständig und gezielt zu entspannen.

Praktische Hinweise

Zum Einüben der Progressiven Muskelrelaxation wurden gute Erfahrungen damit gewonnen, wenn der Entspannungstext auf Band (Kassette) gesprochen wird, so daß Sie damit regelmäßig üben können. Der Vorteil einer Bandaufnahme besteht darin, daß Sie sich um die Anweisungen keine Gedanken machen brauchen. Damit werden die Entspannung beeinträchtigende Einflüsse bedingt durch das eigene Denken reduziert, da erfahrungsgemäß gerade in der Anfangsphase des Übens sehr viele störende und frei aufkommende automatische Gedanken auftreten, die für die Aufmerksamkeit und Konzentration des Übenden als hinderlich anzusehen sind (typische störende Gedanken sind beispielsweise: „Wie lange muß ich jetzt noch anspannen/ entspannen?", „Welcher Muskel ist jetzt gleich an der Reihe?"). Die Doppelrolle, die Sie sonst inne hätten als die Person, die Anweisungen gibt und diese auch gleichzeitig ausführt, wird vermieden. Sie können sich voll auf das Training konzentrieren. Sprechen Sie sich daher die Anweisungen mit ruhiger und gleichmäßig betonender Stimme auf Band.

Am sinnvollsten üben Sie im Liegen oder Sitzen, je nachdem wie es für Sie am angenehmsten erscheint. Wichtig ist, daß Sie eine für sich bequeme Lage finden. Störende Geräusche sollten vermieden werden, wie z.B. Telefonanrufe oder Störungen durch Familienmitglieder. Insofern wäre eine Vorbereitung auch der Familie wichtig, um ggf. den Partner zu bitten, während der Übung auf die Kinder aufzupassen.

Wichtig ist ferner ein wohltemperierter Raum. Wenn Sie frieren, können Sie sich nicht entspannen. Viele haben es zudem gern, wenn der Raum etwas abgedunkelt ist, damit mögliche störende Einflüsse, z.B. durch zuviel Helligkeit oder Sonneneinwirkung, reduziert werden. Probieren Sie aus, welche der genannten Voraussetzungen für Sie am sinnvollsten sind und finden Sie Ihren eigenen Weg.

Sie sollten gerade in der Anfangsphase regelmäßig, möglichst täglich, üben. Wie bei allen anderen Dingen, die man lernt, finden die größten Fortschritte durch stetes und regelmäßiges Üben statt. Daher sollte zu Beginn möglichst täglich geübt werden und diese Frequenz auch auf Dauer beibehalten werden.

Sinnvollerweise sollten Sie erst dann das Entspannungstraining durchführen, wenn Sie bereits einige Aktivitäten unternommen haben. Morgens nach dem Aufstehen haben Sie in der Regel ausreichende Energien durch den Nachtschlaf getankt. Zu diesem Zeitpunkt sollten Sie besser Aktivitäten entwickeln, anstatt versuchen sich zu entspannen. Ebensowenig ist es sinnig zu spät abends zu üben, wenn Sie per se beabsichtigen in absehbarer Zeit sich hinzulegen. Dann kann es Ihnen passieren, daß Sie durch das Entspannungstraining soviel Energien aufgebaut haben, daß Sie keinen Schlaf finden. Sie sollten daher - vom Einzelfall einmal abgesehen - nach der Entspannung möglichst noch ca. zwei bis drei Stunden wach bleiben.

Sollten Sie die Progressive Muskelrelaxation zum Einschlafen benutzen wollen, was bei Einschlafproblemen angebracht ist, können Sie dies selbstverständlich tun. Sie dürfen dann allerdings nicht mehr Zurücknehmen, da Sie sich sonst suggerieren würden „wieder ganz wach, frisch und munter" zu sein. Unter derartigen Voraussetzungen kann natürlich niemand schlafen. Hier sollten Sie den Kassettenrecorder in der Pause vor Beendigung der Übung abschalten.

Einer jungen Frau, die bei mir in der Verhaltenstherapie war und mit der ich das Jacobson-Training eingeübt hatte, versäumte ich mitzuteilen, daß sie nicht Zurücknehmen darf, wenn sie das Entspannungstraining zum Einschlafen benutzt. Dies hatte sie jedoch getan. Meine Patientin fand nach der Übung dann auch leider erst zwischen 2.00 bis 3.00 Uhr nachts ihre Ruhe, so lange hielt der Effekt des Trainings an.

Ein weiterer Aspekt auf den ich hinweisen möchte bezieht sich auf den Zeitpunkt des Übens. Es ist empfehlenswert möglichst zum gleichen Zeitpunkt zu üben, z.B. später Vormittag, in der Mittagspause oder nach Feierabend am späten Nachmittag oder frühen Abend. Ihr Körper stellt sich nach einiger Zeit schon von selbst auf die Entspannung ein.

Kontraindikationen zur Progressiven Muskelrelaxation sind nicht bekannt. Sie sollten jedoch die Anspannung während des Übens nicht bis zur Schmerzgrenze forcieren, so daß Sie negative Gefühle erleben, sondern nur so weit anspannen, daß Sie den Unterschied zwischen Spannung und Entspannung deutlich erleben. Es geht hier nicht um Leistung und auch nicht darum, daß, wer am stärksten anspannt, sich auch gleichzeitig am besten entspannen kann.

Beim anfänglichen Üben können sich bestimmte Reaktionen einstellen, wie Muskelzucken, -zittern, Herzdoppelschlag oder Atemfrequenzveränderungen. Diese Reaktionen sind meist nur zeitbegrenzt zu beobachten und lassen, so weit sie überhaupt auftreten, in der Regel bald wieder nach. Sie sind nicht schlimm oder gesundheitsschädlich. Bedenken Sie, daß Ihr Körper (auch erst wieder) lernen muß auf die Entspannungsreize zu reagieren und, daß sich alte Verspannungsmuster lösen. Sollten jedoch trotzdem nach einiger Zeit des Übens immer noch derartige störende Reaktionen auftreten, so sprechen Sie mit Ihrem Therapeuten. Es wäre u.U. empfehlenswert die Progressive Muskelrelaxation dann einmal im Rahmen eines Kursus mitzumachen, z.B. bei einem professionellen Behandler oder im Rahmen einer Institution, wie Volkshochschule, Kneipp-Verein oder ähnlichen Einrichtungen.

Da die Progressive Muskelrelaxation, wie jedes andere Entspannungsverfahren auch, den Parasympathikus, einen Teil des vegetativen Nervensystems, anregt, ist damit zu rechnen, daß auch die Verdauungsvorgänge initiiert werden. Der Parasympathikus ist sowohl für Entspannung als auch für Verdauung zuständig. Daher erschrecken Sie nicht, wenn Ihnen das Wasser im Mund zu laufen beginnt, ihr Magen gurrt oder Gase abgehen. Dies alles spricht im Gegenteil dafür, daß Sie sich in diesem Moment entspannen.

Herr K., mit dem ich die Progressive Muskelrelaxation einübte, sagte nach dem Training, daß er nicht glaube entspannt gewesen zu sein. Er habe sich während des Übens die ganze Zeit beobachtet und darauf gewartet, daß der Entspannungseffekt endlich einsetzen würde, habe aber nichts feststellen können. Auf meine Frage hin sagte er, daß sowohl der Magen geknurrt habe, auch seien ihm zweimal Gase abgegangen. Mein Patient hatte sich bereits entspannt, ohne daß er es wußte. Mehr als sich entspannen, konnte er jedoch nicht.

Sollten Sie nach einiger Zeit des Übens feststellen, daß Sie sich nicht entspannen können, kann es hierfür verschiedene Gründe geben. Es kann sein, daß heute nicht Ihr „Tag“ ist. Versuchen Sie es deshalb zu einem späteren Zeitpunkt noch einmal oder verschieben Sie das Training auf den folgenden Tag. In der Regel klappt es dann besser. Es kann aber auch sein, daß Ihr Anspannungsniveau insgesamt zu hoch ist, was häufig dann der Fall ist, wenn über einen längeren Zeitraum Streß- und Belastungssituationen auf Sie eingewirkt haben. In einem derartigen Fall sollten Sie dann nicht versuchen über ein Training zur Entspannung zu kommen, sondern über Aktivität versuchen die starken Anspannungen zu erschöpfen. Vorstellbar wären sportliche Betätigung, ein Spaziergang oder Gartenarbeit. Wenn Ihr Anspannungsniveau sich dann auf Dauer reduziert, starten Sie erneut mit dem Versuch über das Entspannungstraining sich zu entspannen. Ihre Erfolgsaussicht ist jetzt wesentlich höher.

Wenn Sie üben, werden Sie gerade in der Anfangsphase feststellen, daß immer wieder Gedanken aufkommen, die von Ihnen nicht kontrolliert werden können und die Sie als lästig und störend empfinden. Das ist zu erwarten, denn unser Gehirn denkt ständig und braucht auch ständig Reize. Lassen Sie daher die Gedanken einfach laufen, ohne sich groß damit zu beschäftigen. Sie werden dann nach einiger Zeit feststellen, daß die Gedanken abnehmen und ihren störenden Einfluß verlieren. Der Entspannungstext dient dabei für Sie als roter Faden, zu dem Sie immer wieder zurückkehren können, selbst wenn Sie sich durch die aufkommenden Gedanken bedingt vom Ablauf des Trainings entfernt haben sollten.

Gehen Sie also dieses Problem mit Ruhe an und vermeiden Sie es, sich darüber zu ärgern, daß die Gedanken aufkommen. Sie würden sich dadurch nur noch mehr anspannen und sind dann noch weniger in der Lage, sich auf die Entspannung einzulassen. Daher bleiben Sie ruhig, lassen Sie die Gedanken ziehen und kehren Sie immer wieder zum Ablauf der Entspannung zurück. Sie werden sehen, daß Sie sich mit der Zeit immer besser auf die Entspannung einlassen können, Ihre Konzentration zunimmt und die Gedanken weniger belastend werden.

Abschließend möchte ich noch auf das Zurücknehmen zum Ende des Trainings hinweisen, wenn Sie also wieder aus der Entspannung herauskommen. Wichtig ist hierbei, daß Sie ausreichend stark zurücknehmen, d.h. Sie sollten sich deutlich machen, daß die Entspannung nun zu Ende ist und Sie dabei Ihren Entspannungseffekt mit in den Alltag nehmen werden. Atmen Sie zum Übergang, von der Entspannung hin zur Aktivität, tief ein, recken und strecken Sie sich, um das Vegetativum wieder anzuregen, das innerhalb der Entspannung auf Sparflamme geschaltet worden ist. Auch wenn Sie das Bedürfnis verspüren sollten in der wohligen Entspannung bleiben zu wollen, geht doch auch alles Schöne einmal vorüber, und Sie müssen in die Alltagsrealität zurückkehren. Aber Sie nehmen ja Ihren Entspannungseffekt mit.

Sollten Benommenheitsgefühle auftreten, gehen diese in aller Regel nach einiger Zeit wieder zurück. Stellen sich diese Gefühle jedoch wiederholt ein, haben Sie wahrscheinlich nicht ausreichend genug zurückgenommen und Sie sollten sich das nächstemal intensiver recken und strecken, tief ein- und ausatmen und ggf. noch einen Augenblick nach Beendigung des Trainings liegen- oder sitzenbleiben und nicht sofort und unmittelbar aufspringen.

Zusammenfassung

- Üben Sie regelmäßig, möglichst täglich zur selben Zeit.
- Arrangieren Sie, daß Sie während des Übens nicht gestört werden. Der Raum sollte wohltemperiert und ggf. abgedunkelt sein.
- Sollten Sie sehr angespannt sein oder merken, daß Sie sich nicht entspannen können, brechen Sie die Übung ab. Zwingen Sie sich auf keinem Fall dazu.
- Üben Sie nicht zu früh am Morgen und auch nicht kurz vor dem Schlafengehen.
- Sollten Sie die Progressive Muskelrelaxation zum Einschlafen benutzen, bitte nicht Zurücknehmen.
- Wenn Sie Magen- und Darmgeräusche spüren oder Gase abgehen sind Sie bereits entspannt.
- Aufkommende störende Gedanken lassen Sie am besten einfach laufen, ohne sich in ein Thema zu verfangen oder sich darüber zu ärgern, daß Sie denken. Der Entspannungstext dient Ihnen als roter Faden.
- Nach Beendigung des Trainings ausreichend stark Zurücknehmen und den Entspannungseffekt mit in Ihren Alltag nehmen.
- Entspannung sollte Ihnen Freude bereiten. Sie können sie nicht erzwingen. Auf die Einstellung kommt es an.

Progressive Muskelrelaxation nach Jacobson (Langversion)

Reihenfolge der Muskeln mit denen geübt wird:

Die Anspannungsphase beträgt ca. 5 Sekunden, die Entspannungsphase ca. 10 Sekunden: Variieren Sie jedoch individuell, so wie es für Sie am angenehmsten ist. An- und Entspannung werden abwechselnd jeweils zweimal durchgeführt.

- rechte Hand (Faust machen), danach loslassen
- linke Hand (Faust machen), danach loslassen
- Anspannung des Handrückens und des Unterarmes beider Arme (Finger zeigen zur Decke), danach loslassen
- Anspannung der Oberarmmuskeln beider Arme (Hände werden zu den Schultern geführt), danach loslassen
- Schultern anspannen (diese an die Ohren bringen), danach loslassen
- Stirn runzeln und in Falten legen, danach loslassen
- Augen fest schließen (Augenmuskeln spannen sich an), danach loslassen
- Kiefer anspannen (Backenzähne aufeinander drücken), danach loslassen
- Lippen aufeinander pressen, danach loslassen

Machen Sie jetzt eine kleine Pause und konzentrieren Sie sich in Ruhe noch einmal auf die Muskeln mit denen Sie bisher geübt haben: Ihre Hände, Ihre Arme, die Schultern, die Stirn und die Gesichtsmuskeln (ca. eine Minute Dauer).
Danach

- Kopf auf die Unterlage drücken (Nacken spannt sich an), danach loslassen
- Kinn auf die Brust drücken, danach loslassen

- Anspannung der Rückenmuskeln (Bauch heraus), danach loslassen
- tief Luft holen und Lungen füllen (Anspannung des Brustkorbes), danach loslassen
- Bauchmuskeln anspannen und hart werden lassen, danach loslassen
- Beine strecken (Spannung in den Oberschenkeln), danach loslassen
- Wadenmuskeln anspannen, Zehen zeigen zum Kopf (Anspannung in den Unterschenkeln), danach loslassen

Konzentrieren Sie sich nun noch einmal auf alle Muskelgruppen mit denen Sie bisher geübt haben in rückwärtiger Reihenfolge. Danach bleiben Sie für ungefähr zwei Minuten im entspannten Zustand.

Nach dieser Zeit nehmen Sie dann wieder Zurück. Holen Sie tief Luft, recken und strecken Sie sich und kommen Sie langsam wieder aus der Entspannung heraus in den Wachzustand. Es ist wichtig, daß Sie ausreichend kräftig zurücknehmen, denn sonst kann es passieren, daß unangenehme oder Benommenheitsgefühle auftreten. Nehmen Sie Ihren Entspannungseffekt mit in Ihren Alltag.

Kurzversion (Entspannen durch Loslassen)

Die Reihenfolge der Muskeln ist dieselbe wie bei der Langversion. Sie spannen jetzt jedoch die Muskeln nicht erst an, bevor Sie entspannen, sondern entspannen die Muskeln **unmittelbar** durch Ihre Konzentration und Aufmerksamkeit auf den jeweiligen Muskel.

Nachdem Sie auf diese Art die verschiedenen Muskeln entspannt haben, zählen Sie im Geist langsam von 1 bis 10, um die Entspannung zu vertiefen (bei jeder Ausatmung jeweils numerisch weitergehen; also: Ausatmung = 1, Ausatmung = 2 ... bis: Ausatmung = 10).

Bleiben Sie dann bitte im entspannten Zustand und sagen Sie sich bei jeder Ausatmung in Gedanken das Wort „Ruhe" (oder ein vergleichbares Wort), um die Entspannung an das Reizwort zu binden (Zeitdauer ca. drei Minuten). Auf diese Art koppeln Sie die erzielte Entspannung mit dem Wort „Ruhe", so daß Sie zukünftig nach ausreichender Übungshäufigkeit bereits schon in der Lage sind über die Ausatmung und das gedankliche Aussprechen des Reizwortes einen Entspannungseffekt zu erzielen. Die Rücknahme erfolgt anschließend wie bei der Langversion.

Sollten Sie jedoch nach der Vertiefung der Entspannung durch Zählen von 1 bis 10 bei jeder Ausatmung nicht so entspannt sein, wie es wünschenswert wäre, dann kommen Sie bereits in dieser Phase aus der Entspannung heraus. Machen Sie dann auf **keinen Fall** weiter, denn sonst würden Sie den nicht- entspannten Zustand mit der Atmung und dem Wort „Ruhe" zu verbinden versuchen, was, wie Sie sich sicher denken können, nicht wünschenswert wäre.

Entspannen durch Loslassen (ohne Hilfsmittel)

Nehmen Sie Ihre übliche Entspannungsposition ein und entspannen Sie rein über die Ausatmung und die gedankliche Aussprache des Wortes „Ruhe" bzw. eines anderen Wortes. Die Rücknahme erfolgt wie bei den anderen beiden Versionen.

Versuchen Sie dann diese Möglichkeit der Entspannung gezielt in Alltagssituationen einzubinden, um möglichst frühzeitig zu verhindern, daß sich eine Anspannung aufbaut. Sie sind nun in der Lage den Entspannungseffekt gezielt herbeizuführen.

Zusammenfassung des Entspannungsprogrammes

1. Phase: Langversion mit einer Zeitdauer von ca. 20 Minuten
   Bei regelmäßigem Üben sind Sie nach ca. 6- 8 Wochen in der Lage, sich innerhalb eines kürzeren Zeitrahmens zu entspannen. Der Wechsel auf die Kurzversion ist nun sinnvoll.

2. Phase: Kurzversion (Entspannen durch Loslassen) mit einer Zeitdauer von ca. 10 Minuten
   Üben Sie so lange, bis Sie das Gefühl haben, daß sich der Entspannungseffekt relativ rasch einstellt. Erfahrungsgemäß ist dies nach ca. weiteren 4 Wochen regelmäßigen Übens der Fall. Probieren Sie nun die nächste Phase aus, wobei Sie dann, falls Sie bisher mit Kassette geübt haben, auf diese verzichten können.

3. Phase: Entspannen durch Loslassen (ohne Hilfsmittel) bei einer individuellen Zeitdauer, die in der Regel 10 Minuten nicht überschreiten braucht.
   Entspannen Sie sich rein über die Ausatmung und sprechen Sie in Gedanken das Wort „Ruhe" aus.

Flexibler Umgang mit der Progressiven Muskelrelaxation

Die hier geschilderte zeitliche Dauer sollten Sie nur als Anhaltspunkt sehen. Ich habe sie eigentlich auch nur deshalb erwähnt, da in der Praxis immer wieder diesbezügliche Fragen aufkommen und so eine grobe Struktur aufgezeigt wird, die den Übenden in der Regel Verhaltenssicherheit vermittelt.

Der Ablauf ist flexibel zu verstehen, als Vorschlag gemeint. Sie können jederzeit, bei Bedarf oder weil es Ihnen mehr Spaß bereitet, auf die vorhergehende Stufe zurückkehren oder einfach bei einer Version bleiben. Wichtig ist nur, daß Sie regelmäßig üben.

Das hier vermittelte Programm versetzt Sie in die Lage, einerseits Ihr Vegetativum **insgesamt** zu stabilisieren, um dadurch streßresistenter und weniger anfällig für Belastungen zu werden. Sie bekommen, um es umgangssprachlich auszudrücken, ein „dickeres Fell", reagieren auf Reize nicht mehr so schnell, sind insgesamt stabilisierter und ausgeglichener.

Andererseits können Sie Elemente der Trainings auch gezielt in bestimmten Anspannungssituationen einsetzen. Auf die Möglichkeit hinsichtlich der Anwendung Ihres Code-Wortes in Kombination mit der Atmung habe ich bereits hingewiesen. Eine Form der Kurzentspannung wurde Ihnen bereits im Kapitel „Der Teufelskreis der Angst" vorgestellt.

Eine andere Alternative für eine **kurzfristige** Spannungsreduktion besteht darin, eine oder mehrere Muskelgruppen nacheinander anzuspannen und dann wieder zu entspannen, also Elemente der Langversion zu übernehmen. So können Sie beispielsweise in einer Gesprächsrunde Ihre Faust anspannen und dann wieder entspannen. Legen Sie Ihre andere Hand auf die angespannte Faust, so kann niemand sehen, was Sie gerade machen. Oder spannen Sie Ihre Waden unter dem Tisch an, um sie dann wieder zu entspannen. Auch dies sieht niemand und ist hilfreich.

Die gewonnen Effekte bei der Kurzentspannung können natürlich nur von begrenzter zeitlicher Dauer sein, langfristig wirkungsvolle Veränderungen können Sie nur durch die regelmäßige Anwendung des Trainings erzielen. Allerdings können auch kurzfristige Effekte einer Spannungsreduktion sehr nützlich sein, um beispielsweise eine akute Angstreaktion zu kompensieren oder über einen starken Anspannungszustand hinwegzukommen. Denken Sie an das bekannte Beispiel einer Prüfungssituation: „Erst einmal tief Luft holen!" - und dann den Prüfungsraum entspannter betreten.

So, nun habe ich Ihnen genug Theorie und Informationen gegeben, was natürlich auch sinnvoll und notwendig ist, um von der Progressiven Muskelrelaxation profitieren zu können. Sollten Sie sich motiviert fühlen das Training einmal selbst auszuprobieren, kann ich Sie in Ihrem Vorhaben nur unterstützen. Für Angstbetroffene ist die regelmäßige Durchführung des Entspannungstrainings unabdingbar. Es bleibt mir daher auch nur noch eines übrig zu erwähnen: viel Spaß und fröhliches Üben.

Anhang II

Informationen für Angehörige

Es hat sich bei der Angstmodifikation als sehr hilfreich erwiesen, wenn Angehörige über die Angstproblematik ihres Partners, Familienmitgliedes oder Freundes informiert sind, um diese/n bei der Bewältigung der Ängste helfen zu können und zu vermeiden etwaige Fehler im Sinne einer Verstärkung der Problematik zu begehen.

Der erste wichtige Schritt für Angehörige besteht darin zu verstehen, daß die Ängste real vorhanden sind und eine ernstzunehmende Problematik darstellen. Es handelt sich also nicht um eine Simulation oder Darstellung von Reaktionen, die nur eingebildet sind, sondern um **wirklich** vorhandene Symptomatiken, die einen Krankheitswert haben.

Der Problematik ist nur durch Willensanstrengung allein nicht beizukommen, auch wenn Sie mitunter den Eindruck haben sollten, daß die oder der Betroffene zu wenig Engagement zeigt. Eine Angsterkrankung stellt einen tiefgreifenden Einschnitt in das Selbstwertgefühl eines Menschen dar, strengt an und laugt aus, führt letztlich zu Depressionen, Selbstzweifeln und Hilflosigkeitsempfinden. Ihr Angehöriger ist wirklich stark belastet, er markiert nicht nur. Es wird ihm gut tun zu wissen, daß er in Ihnen jemand hat, der versucht, ihn zu verstehen und der ihm in seiner schweren Zeit zur Seite steht. Einfach da sein und zur Verfügung stehen, wäre, auch wenn Sie meinen, dies sei zuwenig an Hilfe, aber dennoch eine elementare förderliche Unterstützung.

Informieren Sie sich auch über die Angsterkrankung, z.B. indem Sie selbst dieses Buch lesen, damit Sie ein weiteres Verständnis für die Problematik bekommen. Unterstützen Sie Ihren Angstpartner, indem Sie ihn aufmuntern und motivieren in die Angstsituationen zu gehen. Verstärken Sie seine Erfolge durch Zuspruch und trösten Sie ihn bei etwaigen Mißerfolgen. Fördern Sie seine Eigeninitiative, indem Sie ihn anhalten für ihn schwierige Situationen allein anzugehen.

In der Verhaltenstherapie von Frau L. wurde der Partner im Sinne eines Co-Therapeuten einbezogen. Er unterstützte die Entwicklung seiner Frau innerhalb der Therapie. Dies sah so aus: Frau L. hatte u.a. Angst davor, allein weite Strecken mit dem Auto zu fahren. Mit ihrem Mann war dies weniger problematisch, so daß wir vereinbarten, daß sie zunächst eine bestimmte Strecke, die nicht zu schwierig, aber auch nicht zu einfach für sie war, als Beifahrerin mitfuhr, während ihr Mann den Wagen lenkte und sie dann nach einigen Wiederholungen auf dem Rückweg den PKW selbst steuerte, während ihr Mann daneben saß. Diesen Schritt wiederholten die beiden so oft, bis sich die Patientin sicher fühlte auch auf dem Hinweg den Wagen zu fahren und sie dann auch beide Strecken allein fuhr. Später erweiterten beide dann auch die Länge der Distanzen bis hin zur Autobahnfahrt, was die Patientin dann auch erfolgreich schaffte.

Der Ablauf verlief jedesmal nach dem gleichen Prinzip:
1. Schritt: Ehemann fährt zunächst beide Strecken, Patientin als Beifahrerin.
2. Schritt: Patientin fährt die Strecke zurück, Ehemann ist dann Beifahrer.
3. Schritt: Patientin fährt beide Strecken, Ehemann jeweils Beifahrer.
4. Schritt: Patientin fährt beide Strecken allein.

Als Zwischenschritt, dies war jedoch in diesem Fall nicht nötig, hätte die Möglichkeit bestanden, daß der Partner in einem zweiten Wagen hinterherfährt, damit die/ der Betroffene nicht sofort ganz allein fahren muß, sondern sie/ er noch eine gewisse Sicherheit hat.

Das Endziel in dem beschrieben Beispiel bestand dann darin, daß Frau L. ihren Mann in der Kur besuchte. Dies hatte bedeutet: drei Stunden Autobahnfahrt, was sie ganz bravourös meisterte.

Dieses Prinzip der kleinen Schritte kann auf die verschiedensten Übungssituationen übertragen werden, so z.B. bestimmte Strecken zu Fuß gehen, Kaufhäuser und Geschäfte aufsuchen oder auf Feierlichkeiten gehen. Der Partner sollte sich dann zunehmend mehr ausblenden und der Betroffene zunehmend mehr Zeiträume allein in der Situation verbringen.

Die Umsetzung ist jedoch nicht rein mechanisch zu verstehen, d.h. nicht gleichförmig immer mehr verlangen, egal wie es dem anderen geht, sondern Sie sollten es flexibel handhaben. Ihr Partner wird sich nicht immer gleich gut fühlen, sondern er wird Phasen haben, in denen es ihm besser geht und dann wieder Phasen haben, in denen es ihm nicht so gut geht. Lassen Sie ihn das Tempo bestimmen und gehen Sie möglichst sensibel auf seine jeweilige Lage ein.

Allerdings: Sie sollten natürlich auch sanft fordern, vor allem dann, wenn Sie das Gefühl haben sollten, daß Ihr Partner zu stark vermeidet. Reden Sie ihm freundlich zu und motivieren Sie ihn, einen Schritt weiter zu gehen. Sollte es ihm jedoch einmal nicht so gut gehen und er nicht in der Lage sein eine Situation zu bewältigen, die er früher schon einmal geschafft hat, so gehen Sie ruhig wieder einen Schritt zurück, um dann beim nächsten Mal diese Situation wieder anzugehen.

Es kann auch durchaus sein, daß mit zunehmender Stabilisierung Ihres Partners, vor allem dann, wenn er sich in psychotherapeutische Behandlung begibt, sich Ihre Beziehung zueinander verändert. Auch diesen Punkt möchte ich einmal ansprechen, denn an dieser Stelle sind auch Sie ganz persönlich gefordert. Falls es soweit kommen sollte, reden Sie miteinander, um mögliche Dissonanzen vorzeitig zu klären, damit in Ihrer Beziehung keine Unklarheiten offen bleiben. **Das gemeinsame Gespräch hilft und erleichtert**. Sollten Sie dennoch in Ihren gemeinsamen Bemühungen um Klärung nicht weiter kommen, so vereinbaren Sie einen Kontakt zu dritt bei dem Therapeuten, der Sie beide in der schwierigen Situation unterstützen wird. Das Auftreten einer Angsterkrankung in einer Partnerschaft oder Familie betrifft in der Regel nicht nur die Person selbst, die Beschwerden hat, sondern auch die Beziehungspersonen. Gemeinsam können Sie es jedoch schaffen, auch diese Krise zu bewältigen.

Abbildungsverzeichnis

Sachverzeichnis

Literaturverzeichnis

Dombrowski, H. - U.: Praxis Information: Kognitive Verhaltenstherapie. Verlag für Psychologie und Lebenshilfe, Lippstadt, 1999

Dombrowski, H. - U.: Praxis Information: Verhaltenstherapie. Verlag für Psychologie und Lebenshilfe, Lippstadt, 1999

Dombrowski, H. - U.: Angst und Sucht: Zwei Erkrankungen, die oft gemeinsam auftreten. Deutsche Angst-Zeitschrift, 16, 4 - 9, 1999

Ecker, W.: Die Krankheit des Zweifelns. CIP-Medien-Verlag, München, 2. Auflage 2000

Ellis, A.: Die rational-emotive Therapie. Das innere Selbstgespräch bei seelischen Problemen und seine Veränderung. München: Pfeiffer, 1977

Fensterheim, H.; Bear, J.: Leben ohne Angst. Goldmann, 1982

Glaeske, G.; Günther, J.; Keller, S.: Nebenwirkung: Sucht. Medikamente, die süchtig machen. Verlag Antje Kunstmann, München, 1997

Goldfried, M.; Davison, G. C.: Klinische Verhaltenstherapie. Springer-Verlag. Berlin-Heidelberg-New York, 1979

Grawe, K.; Donati, R.; Bernauer, F.: Psychotherapie im Wandel. Von der Konfession zur Profession. Hogrefe. Verlag für Psychologie. Göttingen-Bern-Toronto-Seattle, 1994

Hennenhofer, G.; Heil, K. D.: Angst überwinden. Selbstbefreiung durch Verhaltenstraining. ro-ro-ro, 1975

Margraf, J.; Schneider, S.: Panik. Angstanfälle und ihre Behandlung. Springer-Verlag. Berlin-Heidelberg- New York, 1989

Meermann, R.; Vandereycken, W.: Verhaltenstherapeutische Psychosomatik in Klinik und Praxis. Schattauer, Stuttgart-New York, 2. überarbeitete Auflage 1996

Redecker, T.: Sucht und Angst. Panik im Kopf. Partner Magazin, 1, 6 - 17, 1994

Rief, W.: Ein Unglück kommt selten allein. Wenn's nicht nur bei der Angststörung bleibt. Deutsche Angst-Zeitschrift, 8, 4 - 7, 1996

Schelp, T.; Gravemeier, R.; Maluck, D.: Rational-Emotive Therapie gegen Streß. Verlag Hans Huber, Bern-Göttingen-Toranto-Seattle, 1997

Schmidt-Traub, S.: Angst bewältigen. Selbsthilfe bei Panik und Agoraphobie. Springer-Verlag. Berlin-Heidelberg-New York, 1995

Selye, H.: Geschichte und Grundzüge des Streßkonzeptes. In: Nitsch, J. (Hrsg.): Stress. Verlag Hans Huber, Bern-Stuttgart-Wien, 1981

Sulz, S.K.D. (Hrsg.): Das Therapiebuch. Kognitiv-Behaviorale Psychotherapie in Psychiatrie, Psychotherapeutischer Medizin und Klinischer Psychologie. CIP-Medien-Verlag, München, 2. Auflage 1998

Sulz, S.K.D.: Als Sisyphus seinen Stein losließ. Oder: Verlieben ist *verrückt.* CIP-Medien-Verlag, München, 2. überarbeitete Auflage 1999

Sulz, S.K.D., Lenz, G. (Hrsg.): Von der Kognition zur Emotion - Psychotherapie mit Gefühlen. CIP-Medien-Verlag, München, 2000

Vester, F.: Phänomen Streß. Deutsche Verlags-Anstalt GmbH, Stuttgart, 1976

Weltgesundheitsorgansation: Internationale Klassifikation psychischer Störungen, 10. Revision (ICD 10 - deutsche Ausgabe). Verlag Hans Huber, Bern-Göttingen-Toronto, 1991

Wittchen, H.-U.: Wenn Angst krank macht. Störungen erkennen, verstehen und behandeln. Mosaik-Verlag, München, 1999

Wolf, D.: Ängste verstehen und überwinden. PAL-Verlags-Gesellschaft, 1989

Der Autor

Dr. phil. Hans-Ulrich Dombrowski ist Diplom-Psychologe, Psychologischer Psychotherapeut und Supervisor. Er lebt und arbeitet in Lippstadt, wo er eine psychotherapeutische Praxis für Einzel-, Paar- und Gruppentherapie sowie für Supervision betreibt.

Ratgeber · Psychotherapie

Achim Stenzel

Schmerzen überwinden

Noch bevor die Psychotherapie beginnt oder parallel zur Psychotherapie ist das Wissen um das Phänomen Schmerz und um die Möglichkeiten eines wirksamen Umgangs mit diesem eine große Hilfe für alle Betroffenen. Höchst aufschlussreich und sofort umsetzbar.

€ 14,00 • Bibl. Nr. 16380

Heribert Unland

Nichtraucher werden und bleiben

Der Raucher-Ratgeber. Mit frischem Wind gegen den blauen Dunst

Damit wird Ihre Entwöhnung zwar nicht einfach - das geht auch nicht mit der besten Methode - aber einfacher als Sie denken.

€ 14,00 • Bibl. Nr. 14022

Hans-Ulrich Dombrowski

Angst erfolgreich überwinden

Effektive Strategien zur Angstbewältigung

Auch Sie können es schaffen, aus dem Teufelskreis der Angst herauszukommen und wieder Lebensqualität zu entwickeln.

Es werden Ihnen erprobte und effektive Strategien der modernen Psychologie vorgestellt, mit deren Hilfe Sie lernen können, ihre Ängste zu bewältigen.

€ 14,00 • Bibl. Nr. 14039

Willi Ecker

Die Krankheit des Zweifelns

Wege zur Überwindung von Zwangsgedanken und Zwangshandlungen

€ 14,00 • Bibl. Nr. 14035

Gerd Mannhaupt

Welche Schule ist die beste für mein Kind?

Psychologische Hilfestellungen zur Schullaufbahn

€ 14,00 • Bibl. Nr. 14036

Ratgeber · Psychotherapie

Serge K. D. Sulz

Ratgeber Depression

Alles, was Sie für das Verständnis und den Umgang mit Krankheit und Kranken wissen sollten. Betroffene finden den Ursprung Ihrer Depression und erkennen den Weg aus dem Leiden. Angehörige und Helfer finden zum Verständnis des Patienten und lernen richtig zu helfen.

€ 14,00 • Bibl. Nr. 10018

Hans-Ulrich Dombrowski

Lösungswege bei Alkoholproblemen

Im vorliegenden Buch wird Ihnen ein Modell vorgestellt, das Alkoholmißbrauch und -abhängigkeit als fehlgeschlagenen Bewältigungsversuch versteht, um mit den anfallenden Problemen und Anforderungen erfolgreich umgehen zu können.

€ 14,00 • Bibl. Nr. 14041

Petra Schulte-Wintrop

Ratgeber Partnerschaft

Dieses Buch möchte Ihnen zentrale Merkmale gelungener Partnerschaften vorstellen und diesen wichtige Störfaktoren gegenüberstellen, welche die häufigsten Ursachen von Partnerproblemen und Trennungen sind. Es stellt darüber hinaus Lösungsstrategien vor, die sich in der Praxis im Umgang mit den jeweiligen Problembereichen bewährt haben.

€ 14,– • Bibl.-Nr. 16236

Christof Eschenröder

Selbstsicher in die Prüfung

Prüfungsangst ist eine der häufigsten Angstformen. Diese Phobie wird Betroffenen und Helfern mit feinem Intellekt und Humor verständlich gemacht und wirksame Schritte gut nachvollziehbar dargelegt. Für Therapeuten und Klienten gleichermaßen nützlich.

€ 14,– • Bibl.-Nr. 16100

Hans-Ulrich Dombrowski

Wege zu mehr Selbstvertrauen

Hilfreiche Strategien zur Erhöhung des Selbstwertgefühls

€ 14,00 • Bibl. Nr. 14037

Als Sisyphus seinen Stein losließ. Oder: Verlieben ist verrückt!

Ein psychologisches Lesebuch über menschliche Überlebensformeln und individuelle Entwicklungschancen

Serge K. D. Sulz

Der Reichtum an klinischer Erfahrung, die Klarheit in der gedank chen Durchdringung und die emotionale Sensibilität im Erspüren der menschlichen Psyche lassen den Leser eintauchen in das, wa Menschsein mit Leib und Seele heißt, lassen ein tiefes Verständn entstehen, sich selbst in diesem Spiegel zu finden, die Bindunge zu den wichtigen Anderen zu begreifen und die Entstehung und weitere Entwicklung als Kosmos zu erblicken, der unser Leben umspannt. Eine spannende Lektüre für alle, die interessiert sind am Verständnis der menschlichen Psyche und unvermeidlich auc am Verstehen des eigenen Selbst und seiner Beziehungen.

€ 29,00 • Bibl. Nr. 10022

Hellmut Dunkelangst

Ein Buch, das Eltern und Kinder gemeinsam lesen

S. Höfling & C.-M. Hockel

Niemand kann perfekt sein - weder Eltern noch Kinder.
Das beweist die Geschichte von Hellmut Dunkelangst. Das Buch zeigt ein normales Problem der kindlichen Entwicklung auf: die Dunkelangst. Eltern können anhand der Geschichte des „Helden" Hellmut lernen, wie sich normale Dunkelangst schleichend zu einem großen Problem entwickeln kann. Das ansprechend bebilde te Buch zeigt auch, was Kinderpsychotherapie macht und wie sic Eltern mit ihren Kindern darauf einstellen können.

€ 14,00 • Bibl. Nr. 12771

Wieder Zuversicht gewinnen

Hans-Ulrich Dombrowski

Es ist möglich, aus dem Loch der Depression herauszukommen und Lebensfreu zu gewinnen. Der Ratgeber möchte Mut machen, Ihr Leben wieder selbst in di Hand zu nehmen.

€ 14,00 • Bibl. Nr. 14038

Ja, ich bestelle nachfolgende Titel gegen Rechnung

☐ *Hellmut Dunkelangst*	*Bibl. Nr. 12771*	
☐ *Sisyphus...*	*Bibl. Nr. 10022*	
☐ *Ratg. Rauchen*	*Bibl. Nr. 14022*	
☐ *Ratg. Angst*	*Bibl. Nr. 14039*	
☐ *Ratg. Depression*	*Bibl. Nr. 10018*	
☐ *Ratg. Alkohol*	*Bibl. Nr. 14041*	
☐ *Krankheit des Zweifelns*	*Bibl. Nr. 14035*	
☐ *Wieder Zuversicht gewinnen*	*Bibl. Nr. 14038*	
☐ *... mehr Selbstvertrauen*	*Bibl. Nr. 14037*	
☐ *Welche Schule ...*	*Bibl. Nr. 14036*	
☐ *Ratgeber Partnerschaft*	*Bibl. Nr. 16236*	
☐ *Schmerzen überwinden*	*Bibl. Nr. 16380*	
☐ *Selbstsicher in die Prüfung*	*Bibl. Nr. 16100*	

Inland: portofrei ab 15,00 Euro

Ausland: Portogebühren nach Gewicht

ax-Bestellung:

89-132 133

Name	
Vorname	
Straße/Nr.	
PLZ/Ort	
Telefon	
Telefax	
E-Mail	
Datum/Unterschrift	X

Nymphenburger Str. 185 • 80634 München
e-mail: cipmedien@aol.com • www.CIP-MEDIEN.com